Piotr Wójcik, Tomasz Kabarowski

KRYPTOWALUTY OD ZERA

NOVAE RES

Spis treści

Słowo od autorów

Książka ta powstała w odpowiedzi na ogromne zainteresowanie, jakim cieszą się kryptowaluty. Czytelnik znajdzie tu informacje na temat ich powstania, mechanizmu działania, korzyści i wad z nimi związanych, dowie się również, czym jest technologia blockchain stanowiąca podstawę działania systemu. Książka, którą oddajemy w Państwa ręce, nie została napisana po to, aby nakłonić kogokolwiek do inwestowania w kryptowaluty, nie zawiera też żadnych porad ani wskazówek w tym względzie. Ambicją autorów jest wyjaśnienie Czytelnikowi technicznej strony działania systemu.

W książce wykorzystano m.in. informacje zawarte w autorskich artykułach regularnie publikowanych na stronie kantorbitcoin.pl.

WPROWADZENIE

Historia bitcoina – pierwszej kryptowaluty – rozpoczęła się w 2008 roku. Wtedy to jej twórca, skrywający się pod pseudonimem Satoshi Nakamoto, opublikował jego białą księgę zatytułowaną: *Bitcoin: A Peer-to-Peer Electronic Cash System*. Ten bardzo ważny dokument zawiera specyfikację oraz wszystkie detale techniczne dotyczące bitcoina, a przy tym jest ogólnodostępny w internecie. Publikacja wyglądem przypomina opracowanie naukowe. Pierwszy bitcoin został wykopany 3 stycznia 2009 roku i zapoczątkował erę kryptowalut. Prawdziwa tożsamość jego twórcy wciąż pozostaje zagadką, chociaż wiele osób próbowało się już pod niego podszyć. Ostatecznym dowodem na potwierdzenie, że jest się twórcą tej kryptowaluty, byłoby wykonanie transakcji z konta należącego do Satoshiego Nakamoto, na którym znajduje się aktualnie prawie milion bitcoinów. W 2010 roku opuścił on społeczność bitcoina, twierdząc, że musi zająć się czymś innym. Od tamtego czasu nie daje znaku życia, a jego środki pozostają nietknięte. Dokładnemu oszacowaniu, ile aktualnie wynosi jego majątek, zostanie poświęcony osobny podrozdział w dalszej części książki. Pierwotną motywacją twórcy bitcoina było opracowanie systemu płatniczego, podobnego do gotówki, który pozwalałby na transakcje elektroniczne bez konieczności korzystania z trzeciej strony. Aby dobrze zrozumieć powody, dla których ludzie wykorzystują kryptowaluty, warto sobie uświadomić, w czym wykazują one podobieństwo do walut fiducjarnych (takich jak dolar, euro, złoty itp.), a czym się od nich różnią. Tradycyjne waluty są kontrolowane przez banki centralne i określone państwa. Są to legalnie uznane środki płatnicze, których możemy używać praktycznie na całym świecie. Bitcoin nie ma centralnego emitenta, który zarządzałby jego dystrybucją, oraz nie jest uznawany za prawny środek płatniczy (bezpośrednio nie zapłacimy nim np. podatków). Kryptowaluty są traktowane raczej jako cyfrowe środki wymiany niż prawdziwe waluty.

Transakcje gotówkowe

Mówiąc o gotówce, mamy na myśli zazwyczaj pieniądz w postaci papierowej lub monetę o określonej wartości. Jeśli przekazujemy nasze środki drugiej osobie w takiej postaci, nie potrzeba pośrednika, który kontrolowałby przebieg tej transakcji. Obydwie strony mogą więc pozostać anonimowe. Dużą zaletą gotówki jest fakt, że ktokolwiek jest w fizycznym jej posiadaniu, domyślnie jest jej jedynym właścicielem. Nie ma centralnego organu, który wymaga prowadzenia rachunku. Każdy może z niej korzystać i jest dostępna bez zezwolenia, jednak ma też swoje wady. Kupujący oraz sprzedający muszą być obecni w tym samym miejscu, aby przeprowadzić transakcję, co w wielu życiowych sytuacjach jest niewykonalne.

Rys. 1. Transakcja gotówkowa

Transakcje elektroniczne

Uniwersalnym systemem płatności byłby system, w którym określona wartość pieniężna mogłaby zostać przeniesiona elektronicznie, za pomocą plików zawierających dane gotówkowe. Jednak problem polega na tym, że takie dane cyfrowe są podatne na kopiowanie, co jest wysoce niepożądaną funkcją dla jakiejkolwiek waluty. Duplikaty mogłyby zostać wykorzystane do płatności i tu powstaje problem tzw. podwójnego wydatkowania (ang. *double spending problem*). Aby tego uniknąć, klasyczne systemy płatności elektronicznych są oparte na centralnym organie (np. banku), który sprawdza zasadność wykonywanych transakcji i śledzi, czy posiadamy środki, które próbujemy wydać. Kupujący inicjuje płatność poprzez wysłanie zamówienia, a następnie bank może zweryfikować, czy posiada on na rachunku niezbędne środki do zrealizowania danej transakcji. System ten rozwiązuje problem kilkakrotnego wydawania tych samych środków, ale wymaga zaufania bankowi, w którym trzymamy środki, że nie nadużywa przekazanej mu nad nimi władzy. Warto dodać, iż scentralizowane serwery są podatne na ataki hakerskie, awarie techniczne, działalność rządów oraz urzędników, którzy mogą ingerować w nasze saldo oraz rekwirować lub blokować fundusze.

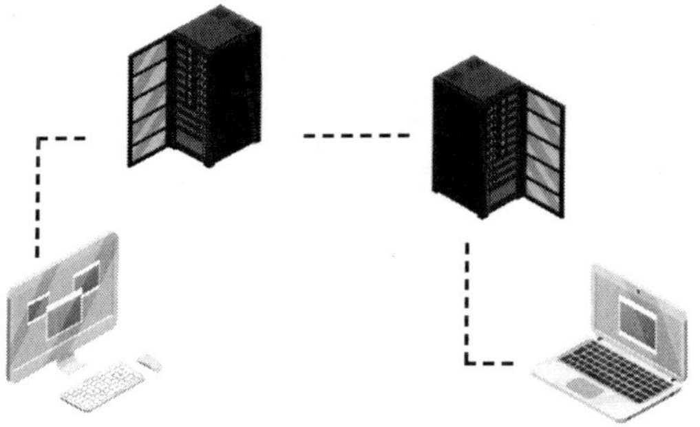

Rys. 2. Transakcja elektroniczna

Transakcje z wykorzystaniem rozproszonej księgi

Jest to system opierający się na bazie danych, która jest współdzielona i synchronizowana w wielu lokalizacjach geograficznych oraz na serwerach rozmieszczonych na całym świecie. Każda transakcja wykonana w takim systemie posiada publicznych „świadków", co uniemożliwia jednostkowy cyberatak na sieć. Uczestnik jest w stanie z każdego węzła w sieci (tj. komputera o dużej mocy obliczeniowej, który weryfikuje poprawność transakcji) uzyskać dostęp do całej historii transakcji i zawsze będzie ona identyczna. Ponadto wszelkie zmiany, mające na celu uzupełnienie rozproszonej księgi, są kopiowane do wszystkich uczestników w sieci w ciągu kilku minut. Rozproszona księga może być opisana jako zbiór umów i transakcji w zdecentralizowanej formie, co znosi potrzebę kontroli przez organ centralny. Jest to swoista ochrona przed manipulacją, która eliminuje konieczność zaufania trzeciej stronie. Wszystkie informacje przechowywane w takiej sieci są całkowicie bezpieczne ze względu na odpowiednie metody szyfrowania kryptograficznego, jakie wykorzystuje. Zagadnienie to zostanie szczegółowo omówione w dalszej części książki. Sieć ta jest również bardziej odporna na ataki hakerskie, ponieważ musiałaby zostać zaatakowana ponad połowa węzłów jednocześnie, aby akcja zakończyła się sukcesem. Wprowadzenie zmian w jednym lub kilku z nich nie zaburza działania sieci. Błędy są szybko weryfikowane przez pozostałe węzły.

Od zamierzchłych czasów księgi rachunkowe były podstawą ewidencjonowania transakcji gospodarczych. Rejestrowano w nich płatności, kontrakty, transakcje kupna-sprzedaży i zmiany właścicieli określonych nieruchomości. Technologię rozproszonej księgi wykorzystuje blockchain, na którym opiera się podstawa działania bitcoina.

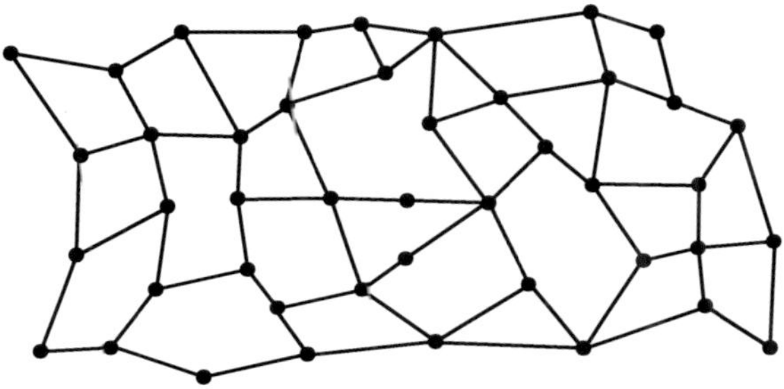

Rys. 3. Rozproszona sieć

Problem bizantyjskich generałów

Wprowadzenie do problemu

Wyobraźmy sobie wielką, zrobotyzowaną fabrykę, która nie może pozwolić sobie na przestoje, a jej prace przez dwadzieścia cztery godziny na dobę nadzorują złożone systemy informatyczne. Projektantom takiego systemu będzie więc zależało aby był on jak najmniej awaryjny. Żeby to osiągnąć, zwiększają oni liczbę urządzeń działających w najbardziej istotnych punktach systemów. Jeżeli któryś element zawiedzie, jego pracę przejmie inny, co pozwoli na nieprzerwaną pracę maszyn. W takim przypadku zepsutą część będzie bardzo łatwo namierzyć i podjąć próbę naprawienia jej. Jednak co w wypadku, gdy dany element nie przestanie pracować, a zacznie wysyłać błędne sygnały wskazujące na awarię? Jego funkcja zostanie przejęta przez inne urządzenie. Może ono wykorzystywać również potencjalną ochronę przed błędami w oprogramowaniu i posiadać inny program niż oryginał. Jak wtedy ocenić, który z dwóch poprawnie działających procesorów podejmuje dobrą decyzję?

Zagadnienie to bardzo obrazowo sformułowali w roku 1980 trzej naukowcy: Marshall Pease, Leslie Lamport oraz Robert Shostak, sam problem opisując następująco:

Grupa armii bizantyjskich otacza miasto wroga z czterech stron. Aby je zdobyć, wszystkie oddziały muszą zaatakować jednocześnie, w przeciwnym wypadku poniosą klęskę. Każdy dowódca oddziału ma swojego zaufanego posłańca, który dostarczy komunikat do innego dowódcy. Jednak nie mamy pewności, czy któryś z dowódców nie jest zdrajcą, któremu zależy na doprowadzeniu wojsk bizantyjskich do porażki. Należy więc opracować taki algorytm, który pozwoli wszystkim wiernym generałom na uzgodnienie planu działania. Jeśli któryś okaże się zdrajcą, wtedy będzie jeszcze możliwość odwrotu i ocalenia wojsk – jeśli natomiast zdrajca ujawniłby się dopiero podczas ataku, byłoby już za późno na odwrót, co oznaczałoby klęskę całej armii.

Dowódcy oddziałów są więc podmiotami decyzyjnymi w systemie rozproszonym, a posłańcy to kanały komunikacyjne. Aby algorytm zadziałał, musi on spełniać następujące warunki[1]:

1. Wszyscy wierni dowódcy podejmują taką samą decyzję.
2. Niewielka liczba zdrajców nie spowoduje podjęcia złej decyzji ostatecznej, która byłaby niezgodna z zamiarami większości dowódców.

Możemy również założyć, kiedy ewentualnie należałoby się wycofać, poprzez ustalenie limitów czasowych, po przekroczeniu których, jeśli nie uzyskamy odpowiedzi od reszty oddziałów, uznajemy, że nie zdecydowały się one na atak.

Czy da się go rozwiązać?

Tak, jednak wymaga to bardzo wielu rund, w których będą wysyłane komunikaty. W pierwszej kolejności dowódca przekazuje pozostałym oddziałom swoją

1 Mordechai Ben-Ari, *Podstawy programowania współbieżnego i rozproszonego*, Wydawnictwa Naukowo-Techniczne, Warszawa 2009, s. 238.

decyzję. Otrzymane od innych informacje oraz swój głos zapisuje na unikalnej tablicy. Następnie każdy z dowódców przekazuje innym zawartość swojej tablicy. Nie musi on otrzymać tablicy, którą sam wypełniał, oraz przekazywać tej, którą posiada, z powrotem do nadawcy. W przypadku czterech dowódców, z których jeden jest zdrajcą, do rozwiązania problemu wystarczą dwie rundy wykonane przez zaufanego posłańca. Większa liczba zdrajców lub dowódców wygeneruje konieczność wykonania większej liczby rund do skutecznego rozwiązania tego problemu. Ze względu na znaczną liczbę komunikatów, jakiej wymagałoby to rozwiązanie, w praktyce byłoby ono nieskalowalne. Skutkiem tego byłaby jego niska efektywność w przypadku, gdyby liczba zdrajców lub dowódców okazała się zbyt duża.

Jakie rozwiązanie oferuje technologia blockchain?

W przypadku technologii blockchain metaforyczny problem bizantyjskich generałów odnosi się do sytuacji, w której przynajmniej dwa węzły będą mogły komunikować się ze sobą, mając gwarancję wyświetlania takich samych danych. Jest to trudne zadanie, jednak sytuacja taka jest możliwa do osiągnięcia. Sieć blockchain wykorzystuje technologię P2P (ang. *peer-to-peer*), w której konsensus jest osiągany, jeśli „lojalne" lub nieuszkodzone węzły podejmą większościową zgodę co do decyzji. Sieć większości kryptowalut wykorzystuje tzw. algorytm konsensusu, który jest mechanizmem zapewniającym rozwiązanie problemu bizantyjskich generałów. Najczęściej spotykanymi implementacjami są protokoły *proof-of-work* lub *proof-of-stake*.

Cechy protokołów wykorzystywanych w sieciach kryptowalut

Protokoły stanowią fundamentalną część sieci internetowych, na której opiera się ich działanie. Od samych początków istnienia internetu są one wykorzystywane, aby przesyłać dane z jednego komputera na drugi.

Trzy główne protokoły w sieciach internetowych, o których prawdopodobnie udało Ci się usłyszeć, to:

- HTTP (ang. *hypertext transfer protocol*),
- TCP (ang. *transfer control protocol*),
- IP (ang. *Internet Protocol*).

TCP/IP są to zbiory protokołów, które umożliwiają transmisję danych w sieci komputerowej. HTTP natomiast pozwala przeglądarkom na komunikację z serwerami WWW.

W standardowych bazach danych występuje architektura serwer–klient, która przechowuje informacje w centralnych bazach danych. Czasami podanie osobistych informacji jest niezbędne, aby korzystać ze wszystkich funkcji danej platformy. Facebook czy Google posiadają ogromne, scentralizowane serwery i tam znajdują się m.in. takie informacje jak historia transakcji użytkowników czy dane osobowe. Wszyscy korzystamy z nich na co dzień za pomocą protokołów HTTP.

Rozproszenie sieci

W sieci blockchain dane również mogą być przesyłane między użytkownikami, jednak w nieco inny sposób niż w przypadku zwykłych protokołów internetowych.

Pierwszą cechą, która je definiuje, jest zdecentralizowana baza danych, współdzielona przez użytkowników z całego świata w wielu różnych lokalizacjach. Wykorzystuje ona sieć P2P (ang. *peer-to-peer*), w której każda transakcja jest współdzielona i przechowywana przez węzły (tj. komputery o dużej mocy obliczeniowej, współtworzące sieć). Taka sieć nie posiada pośrednika, który działa jako centralny punkt zapisu informacji. Oznacza to również, że nie ma pojedynczego punktu awarii, co zmniejsza prawdopodobieństwo włamania do serwera lub utraty informacji. Nie istnieje też jeden podmiot, który byłby właścicielem sieci, przez co nikt nie ma możliwości zarabiania na danych ani wykorzystywania ich w sposób niepożądany przez użytkowników.

Kryptografia

Interakcje w łańcuchu bloków są szyfrowane za pomocą zaawansowanych metod kryptograficznych. Jest to główny powód, dla którego protokoły związane z blockchainem są bezpieczniejsze od tych tradycyjnych. Szyfrowanie wykorzystuje trzy główne narzędzia – hashing, uwierzytelnianie przy pomocy klucza prywatnego i publicznego oraz podpis cyfrowy. Warto pamiętać, że metody te istniały o wiele wcześniej, niż powstała technologia blockchain. Zostały one zaimplementowane w niej jako gotowe rozwiązania. Hashing jest funkcją matematyczną, która pobiera dane wejściowe o dowolnej długości i używa odpowiednich formuł, aby stworzyć pozornie losowy wynik stałej liczby liter i cyfr.

Jeśli użyjemy formuły, którą wykorzystuje algorytm bitcoina – SHA256 – możemy zakodować dowolne hasło i otrzymamy określony ciąg znaków. Na przykład dla frazy: „Ta książka jest super":

A52DD2A0A99336F427FC0B621647ACBE DE016958A7C84B62EA3CB386D8A4B373

Co ciekawe, jakakolwiek zmiana w zakodowanej nazwie, np. poprzez dodanie wykrzyknika na końcu zdania, spowoduje powstanie całkiem innych danych wyjściowych, które na pierwszy rzut oka są całkowicie losowe. „Ta książka jest super!":

684351F7385DCA30254EB1C5D7B7C4AD 5BC7967AA30A2A138A54EF6F1593C12D

Algorytmem tym rządzi jednak kilka reguł:

- Takie same dane wejściowe zawsze dają identyczny rezultat.
- Dwa różne hasła wejściowe nie mogą dać takich samych danych wyjściowych.
- Na podstawie samych danych wyjściowych nie jesteśmy w stanie określić, jakie hasło zostało zakodowane.

- Nieznaczne zmiany powodują powstanie całkowicie innego wyniku.

Główną zaletą tej enkrypcji jest fakt, że nawet ściana tekstu może zostać sprowadzona do kodu, który zmieści się w jednej linijce. Jest to również unikalna, jednokierunkowa funkcja, której nie da się odwrócić.

Cała ta książka po zakodowaniu to tylko jedna prosta linijka danych wyjściowych:

9A9F7EEA774F21BA1DF02A82C83B3E57D D50B0207AF85AD86AFFFD7DBC70058

W sieci blockchain enkrypcja jest używana do tworzenia podpisów cyfrowych i integracji bloków transakcyjnych, co wpływa na jej nienaruszalność i bezpieczeństwo.

Kolejnym narzędziem zabezpieczającym sieć jest szyfrowanie klucza prywatnego i publicznego – zwane również szyfrowaniem asymetrycznym. Wykorzystują je wszystkie protokoły w sieci blockchain. W metodzie tej klucz publiczny możemy udostępnić każdemu, a prywatny jest tylko dla nas. Te dwa klucze są powiązane matematycznie, co oznacza, że treść zaszyfrowana przy użyciu klucza publicznego może zostać rozkodowana tylko kluczem prywatnym.

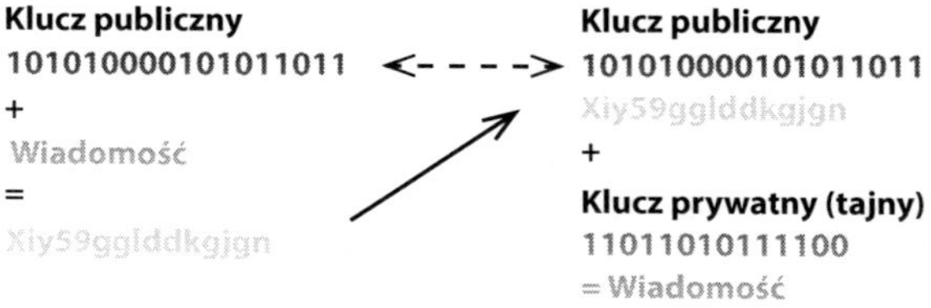

Rys. 4. Szyfrowanie klucza publicznego i klucza prywatnego

Ostatnia składowa wykorzystywana w kryptografii protokołów to podpis cyfrowy. Wykonanie go jest możliwe za pomocą dwóch wcześniej opisanych metod. Umożliwia on uwierzytelnienie tożsamości nadawcy i potwierdzenie, że dokument nie został zmieniony podczas przesyłania.

Nadawca przy pomocy hashingu koduje swoją wiadomość i szyfruje ją za pomocą klucza prywatnego, po czym przesyła dokument do odbiorcy. Ten zaś jest w stanie odszyfrować wiadomość kluczem publicznym nadawcy i uzyskać skrót przesłanego pliku w postaci zhaszowanego kodu. Następnie może zhaszować pełną wersję dokumentu i porównać kod z tym, który otrzymał od nadawcy. Dzięki temu odbiorca może uwierzytelnić identyfikację nadawcy, mając pewność, że nic nie zostało zmienione podczas transferu.

WIODĄCE ALGORYTMY KONSENSUSU W SIECIACH BLOCKCHAIN

W sieciach blockchain potrzebna jest procedura, dzięki której wszystkie ich węzły mogą dojść do porozumienia związanego z poprawnym funkcjonowaniem sieci. Jako że nie ma tu centralnego organu podejmującego decyzje, musi istnieć mechanizm, który skłoni jej uczestników do współpracy. Sieci blockchainowe posiadają algorytmy konsensusu, odpowiadające za sprawne ich działanie w tej kwestii. Algorytmy te są mechanizmem, który zapewnia przestrzeganie założeń określonej sieci zawartych w protokołach. Służą one do potwierdzania informacji na temat ważności wychodzących transakcji i zabezpieczania ich. Sprawdzają również, czy osoba wysyłająca składnik aktywów w sieci jest w rzeczywistości właścicielem tego zasobu. Dzięki temu niemożliwe jest podwójne wydatkowanie swoich środków. Jest to ważne, ponieważ zasoby cyfrowe są łatwe do „skopiowania" i mogłyby być używane kilkakrotnie, gdyby nie odpowiednie zabezpieczenia.

Proof of work – dowód pracy

Pierwszym algorytmem, który powstał i został zaimplementowany do technologii blockchain, był protokół *proof-of-work*. Wymaga on od uczestników sieci weryfikowania transakcji za pomocą skomplikowanej łamigłówki matematycznej i zachęca do sprawdzania transakcji poprzez dostarczenie węzłowi (tj. komputerowi o dużej mocy obliczeniowej, którego „właścicielem" jest górnik) nagrody za zakończenie tego procesu. Idea złożoności obliczeniowej zapewnia dodatkowe zabezpieczenie systemu, ponieważ wymaga ogromnej ilości czasu i energii, aby wywołać zmiany w łańcuchu bloków po osiągnięciu konsensusu. Gdyby ktoś chciał podjąć próbę zhakowania sieci, musiałby mieć moc obliczeniową wystarczającą do konkurowania z całą istniejącą siecią blockchain danej kryptowaluty.

Kim są górnicy?

Górnicy to osoby, które zastępują scentralizowane podmioty, takie jak banki, i utrzymują sieć płatniczą. Bez nich sieć nie byłaby zabezpieczona. Nagroda, jaką otrzymują w postaci kryptowaluty, jest zachętą do wykonywania przez nich niezbędnych działań w zakresie weryfikowania transakcji. Polega to na dodaniu określonej transakcji do bloku, który zostanie przyłączony do łańcucha głównego w sieci. Proces ten wymaga posiadania przez nich urządzeń o dużej mocy obliczeniowej. Górnik, który udostępnia swój sprzęt na potrzeby sieci, nazywany jest węzłem.

Na czym polega halving?

Halving to proces, podczas którego liczba monet generowanych przez sieć zostaje zmniejszona o połowę. W rezultacie ilość kryptowaluty otrzymywana przez górników z każdym blokiem spadnie o 50 proc. Jest to proces cykliczny, który powtarza się regularnie co cztery lata i trwa do momentu, aż zostanie wydobyta ostatnia moneta określonej kryptowaluty. Halving jest konieczny, aby utrzymać liczbę monet znajdujących się w sieci na określonym w jej algorytmie poziomie.

Jaki problem matematyczny musi rozwiązać górnik?

Rozwiązanie zagadki, która pozwoli na przyłączenie bloku do łańcucha głównego, składa się z kilku etapów. Na początku dochodzi do procesu haszowania, w którym dane wejściowe z bloku są przekształcane w długą liczbę, która będzie reprezentowała oryginalny plik danych. Maksymalna pojemność bloku dla transakcji w przypadku bitcoina wynosi 1 MB. W sieci blockchain bitcoina nowe bloki są haszowane za pomocą algorytmu SHA-256. Aby blok został dołączony do łańcucha bloków, otrzymany wynik musi być inny, niż posiadały dotychczas wydobyte bloki lub mieścić się w określonym przedziale wartości. W innym przypadku zostanie on uznany za nieważny i należy wykonać obliczenia ponownie. Docelowy wynik możemy uzyskać, zmieniając zawartość bloku, który próbujemy wydobyć. Transakcji w bloku nie jesteśmy w stanie edytować, aby uzyskać inny wynik, więc tutaj pojawia się parametr zwany *nonce*. Jest to 32-bitowa wartość, którą możemy zmieniać w celu dopasowania bloku w ten sposób, aby mógł przyłączyć się do łańcucha głównego. W algorytmie dowodu stawek wartość ta przypisana jest do liczby transakcji wykonanych przez dany adres. Jeśli dopasujemy blok poprawnie i przyłączy się on do łańcucha, to otrzymamy określoną część bitcoina jako nagrodę, a proces powtarza się od nowa. To, ile energii i mocy obliczeniowej musimy zużyć do wydobycia określonej ilości kryptowaluty, zależy od trudności kopania. Jest to liczba operacji haszowania na sekundę, jaka będzie potrzebna, aby wydobyć blok. Bazuje ona na aktualnej mocy obliczeniowej całej sieci. Trudność kopania ma zmienną wartość i aktualizuje się w taki sposób, aby bloki były wydobywane średnio co dziesięć minut. Oznacza to, że im więcej górników w sieci, tym bardziej wzrasta trudność kopania. Mimo większej liczby osób chcących wydobyć blok algorytm tak dopasuje trudność, aby trwało to około 10 minut. Oznacza to również, że nagroda w postaci bitcoinów będzie podzielona na więcej części. Analogicznie działa to w drugą stronę – im mniej górników jest aktywnych w sieci, tym więcej kryptowalut otrzymają oni za swoją pracę. Algorytm ten wykorzystywany jest między innymi przez bitcoina, litecoina czy monero.

Proof of stake – dowód stawki

Po raz pierwszy został on wykorzystany w 2012 roku przez walutę cyfrową o nazwie peer coin. Aktualnie już mało kto o niej pamięta, ale użycie tego algorytmu po raz pierwszy przyniosło jej sporą popularność w tamtych czasach. Zaimplementowanie zmiany z *proof-of-work* na *proof-of-stake* ma również w planach jedna z najbardziej rozpoznawalnych kryptowalut – ethereum. Na korzyść tego algorytmu przemawia fakt, że wymaga mniejszej ilości energii i mniej kosztownego sprzętu do walidacji transakcji. Może mieć również bardziej zdecentralizowaną sieć, ponieważ istnieją mniejsze bariery wejścia, aby stać się węzłem walidacyjnym. W przypadku konkurencyjnego algorytmu – *proof-of-work* – największe skupiska węzłów są tam, gdzie mają najtańszy dostęp do prądu oraz sprzętu górniczego. Poziom decentralizacji jest wtedy mniejszy, ponieważ największe skupiska kopalni są w regionach, gdzie „kopanie" danej waluty ma największy ekonomicznie sens. Wykorzystując protokół stawek, można działać z każdego miejsca na świecie, nie będąc uzależnionym od ceny energii elektrycznej czy sprzętu. W systemie tym nie ma również układanki matematycznej, w rozwiązaniu której można by konkurować. Węzły wybierane są w sposób półlosowy, a prawdopodobieństwo wyboru jest oparte na ilości monet oraz długości czasu ich posiadania przez osobę deklarującą się jako walidator. Algorytm wymaga, aby „zamrozić" swoje tokeny w formie depozytu – ma to na celu zablokowanie potwierdzania fałszywych transakcji przez węzły. Jeśli potwierdzona zostałaby fałszywa transakcja, to taki węzeł utraciłby swój depozyt na poczet pokrycia straty, jaką spowodował dla sieci. Nie mógłby również uczestniczyć w procesie walidacji przy kolejnych blokach transakcyjnych.

System nagród w protokole stawek

W systemie tym węzły otrzymują nagrody z opłat transakcyjnych w zamian za weryfikację transakcji. Ustalenie wysokości „opłaty" za korzystanie z sieci reguluje również ilość węzłów chętnych do pracy. Jeśli jest ich za dużo, opłaty za wykorzystanie sieci maleją i bycie węzłem staje się mniej opłacalne. Analogicznie działa to w drugą stronę. Systemy te są bardziej skalowalne i zużywają mniej energii elektrycznej, jednak wiele osób uważa, że są przez to mniej bezpieczne niż te, które wykorzystują protokół *proof-of-work*.

Proof of authority – dowód autorytetu

Jest to rozwiązanie wykorzystywane w prywatnych sieciach blockchainowych. Walidatorami w sieci są osoby, które zostały bezkompromisowo wybrane jako zaufane jednostki. Mogą one wybrać uczestników sieci, którzy będą ją moderować oraz pomagać w weryfikowaniu transakcji. Węzły te nie mają konieczności „blokowania" swoich kryptowalut jak w przypadku *proof-of-stake*. Liczba węzłów jest również ograniczona, co pozwala na osiągnięcie wysokiej skalowalności w takiej sieci. Zwiększenie liczby komputerów kontrolujących transakcje w sieci skutkuje tym, że każdy kolejny blok będzie miał do pokonania dłuższą drogę (aby zostać zatwierdzonym przez każdy węzeł), ponieważ historia transakcji jest zapisywana i walidowana przez każdy węzeł w sieci.

Algorytm ten znajduje zastosowanie tam, gdzie nie ma konieczności pojawienia się kryptowalut jako niezbędnego elementu sieci. Wykorzystywana jest sama technologia, w której możemy zwiększyć stopień prywatności oraz poziom centralizacji. Brak decentralizacji w małych obszarach może również zapewnić większą wydajność w porównaniu do innych algorytmów. Dla osób prowadzących firmę decentralizacja nie jest niezbędnym czynnikiem do działania sieci – ważniejsza jest zwiększona efektywność oraz prywatność sieci, dzięki czemu tylko ograniczona pula osób ma do niej dostęp. Pozwala to chronić bazę danych oraz informacji na temat klientów.

Proof of importance – dowód ważności

Algorytm ten po raz pierwszy został wykorzystany w projekcie kryptowaluty NEM (XEM). Mechanizm, jaki oferuje, to rozwiązanie polegające na uprawnieniu wybranych użytkowników sieci do tworzenia nowych bloków, które łączą się z głównym łańcuchem w sieci. W zamian za wykonanie tego zadania węzły otrzymują do podziału między sobą wszystkie opłaty za transakcje, które zostały w nim zawarte. Użytkownicy z wyższym „wynikiem" ważności będą mieli proporcjonalnie większe szanse, aby zostać wybrani do utworzenia bloku. Aby być branym pod uwagę podczas wyboru węzłów do walidacji, trzeba posiadać co najmniej 10 tys. jednostek kryptowaluty

XEM. Do zalet tego algorytmu należy m.in. brak konieczności posiadania specjalistycznego sprzętu i mniejsze zużycie energii elektrycznej niż w przypadku standardowego protokołu wykorzystującego dowód pracy. Trzy główne czynniki, które wpływają na „wynik" ważności, to:

- nabycie uprawnień poprzez liczbę monet – im więcej jednostek XEM znajduje się na koncie użytkownika, tym wyższy wynik ważności on osiąga;
- transakcje wykonywane z innymi użytkownikami w sieci NEM – z tym że nie jest uwzględnione przesyłanie między kontami w jedną i drugą stronę określonych sum, ponieważ liczy się sumaryczna kwota netto, która opuściła dany adres;
- liczba transakcji wykonana w ciągu ostatnich trzydziestu dni; każda transakcja (przekraczająca minimalną wartość) przyczynia się do sumarycznego wyniku ważności konta; większe i częstsze transakcje netto wpływają na lepszy wynik; mechanizm ten ma na celu zachęcenie użytkowników do korzystania z tej kryptowaluty, a nie tylko wydobywania jej i „chomikowania" na koncie.

Delegated proof-of-stake – dowód stawek z delegatami

Użytkownicy sieci wykorzystującej ten algorytm mogą wybrać swoich delegatów w głosowaniu i określona ich liczba z największą ilością głosów ma możliwość zabezpieczania sieci. Poprzez głosowanie „zlecamy" wykonanie pracy innym użytkownikom. W idealnie działającym systemie nagroda, którą otrzymują delegaci za utrzymanie sieci, jest dzielona proporcjonalnie ze wszystkimi jego wyborcami. Są oni odpowiedzialni za osiąganie konsensusu podczas tworzenia się i zatwierdzania nowych bloków do łańcucha głównego w sieci. Jeśli społeczność zauważa, że któryś z delegatów nie spełnia swojego zadania należycie lub działa na szkodę sieci, to w każdej chwili może go odsunąć poprzez odebranie mu głosów i wybranie innego delegata. Siła głosu, jaką posiada każdy z użytkowników, jest oceniana na podstawie ilości posiadanych przez niego monet danej kryptowaluty. Delegaci nie mają możliwości zmiany szczegółów transakcji. Czasowo mogą oni którąś z nich „zawiesić", jednak przejdą one do następnego bloku, za walidację którego inny z delegatów dostanie zawarte w niej opłaty. Jak możemy zauważyć, system ten wykazuje wiele podobieństw do algorytmu, który omawialiśmy już wcześniej – *proof of authority*. Rozwiązanie to zostało stworzone w 2014 roku przez Daniela Larimera. Jest ono wykorzystywane m.in. w sieciach takich kryptowalut, jak: ark, lisk czy steem. System ten zapewnia również większą przepustowość niż ta, którą zazwyczaj oferują standardowe algorytmy PoW lub PoS. Sporo osób uważa jednak, że z tego powodu jest on mniej bezpieczny.

Proof of burn – dowód spalenia

Jest to system, który działa po części analogicznie do algorytmu *proof-of-work*, z tym że nie wymaga specjalistycznego sprzętu do wydobywania kryptowalut i charakteryzuje się zmniejszonym zużyciem energii elektrycznej. W algorytmie tym górnicy muszą udowodnić, że „spalili" część wydobytych monet. Proces ten polega na tym, że wysyłają oni monety na weryfikowalny adres, do którego nikt nie ma dostępu. Nie będzie więc możliwości przywrócenia ich do obiegu. Jest to kosztowne z punktu widzenia jednostki, jednak nie wykorzystuje niczego oprócz monet, które uległy spaleniu. Im większej ilości kryptowaluty pozbędą się w tym procesie górnicy, tym wyżej punktowane jest ich zaangażowanie w działanie sieci. Uzyskują oni wtedy większą wirtualną moc wydobywczą, przez co rośnie szansa, że częściej będą wybierani na walidatorów kolejnych bloków. Spalanie monet działa również na korzyść użytkowników, którzy już je posiadają. Zapewnia ono pewien poziom deflacji, co w długich okresach czasowych powinno zwiększać wartość danej kryptowaluty.

Proof of capacity – dowód przepustowości

Jest to rozwiązanie bardzo podobne do omawianego wcześniej algorytmu *proof-of-work*, z tą jednak różnicą, że zamiast wykonywania obliczeń, aby wydobyć blok, wykorzystywana jest masowa pamięć. Pozwala to na wykorzystanie pustej przestrzeni urządzeń górniczych w sieci blockchain do wydobycia kryptowaluty. Im większa jest objętość dysku twardego, tym więcej możliwości rozwiązania równania, które można na nim zapisać. Tym samym szansa na wykopanie kolejnego bloku przez danego górnika wzrasta wraz ze zwiększaniem objętości dysku twardego.

W mechanizmie tym najpierw tworzona jest lista potencjalnych rozwiązań poprzez wielokrotne mieszanie danych (w tym tych z konta górnika), następnie, zamiast wykonywania wielokrotnych zmian wartości *nonce* w blokach (jak działo się w przypadku *proof-of-work*), aby znaleźć poprawne rozwiązanie, wykorzystywana jest lista zapisana na dysku. Im więcej informacji jesteśmy w stanie na nim zapisać, tym większa szansa, że poszukiwany przez nas wynik zostanie na niej odnaleziony. Przypomina to trochę grę w lotto – im więcej kuponów posiadamy, tym większa szansa na trafienie szóstki lub uzyskanie najlepszego wyniku spośród wszystkich konkurujących graczy. Jeśli mamy najwięcej kuponów, to mamy teoretycznie największe szanse na zwycięstwo, ale nigdy nie ma gwarancji, że to się wydarzy.

PODSTAWOWE ASPEKTY TECHNICZNE KRYPTOWALUT

Skoro już wiemy, na jakich podstawach opiera się technologia blockchain, warto sobie odpowiedzieć na pytanie, jak działa oraz czym właściwie są kryptowaluty.

Jest to rodzaj zasobu cyfrowego, który może funkcjonować jako waluta oparta na systemach kryptograficznych. Systemy te mogą przypominać bankowość internetową, jednak nie posiadają centralnego organu, który nią zarządza. Są one oparte na technologii blockchain, której zadaniem jest przechowywanie informacji o saldach, numerach kont użytkowników oraz uwierzytelnianie i weryfikowanie poprawności transakcji. Po stworzeniu własnego portfela można dokonywać transakcji podobnie jak w banku – poprzez wpisanie adresu konta odbiorcy i ustaleniu kwoty, jaką chcemy mu przesłać. Aby umiejętnie korzystać z tej technologii, nie trzeba znać detali technicznych, na których się ona opiera, ani skomplikowanych formuł, jakie nią rządzą. Wskazuje to na kolejne podobieństwo do bankowości internetowej. W sieciach blockchain praktycznie[2] nie ma możliwości cofania transakcji ani ingerowania w konto innego użytkownika bez jego zgody lub wykorzystania podstępu[3], o ile odpowiednio przechowuje swoje środki.

Rodzaje tokenów

W świecie kryptowalut określenia takie jak token, moneta czy kryptowaluta bardzo często używane są zamiennie lub traktowane jako synonimy. Nie do końca odpowiada to jednak rzeczywistości. Monety kryptowalutowe, takie jak np. bitcoin czy litecoin, mogą być wykorzystywane poza swoją siecią i są niezależnymi aktywami. Tokeny natomiast charakteryzują się tym, że mogą występować w kilku różnych rolach, ale w obrębie jednego ekosystemu. Oprócz tego, że transferują określoną wartość, mogą

2 Czysto teoretycznie jest to możliwe, ale wymaga ogromnego nakładu mocy obliczeniowej. Dotychczas w sieci bitcoina nigdy się to nie zdarzyło.

3 Atak hakerski, phishing itp....

decydować o prawie głosu w sieci (w zależności od algorytmu), umożliwiać wykorzystywanie wszystkich dostępnych narzędzi lub nawet wpływać na to, w jakim kierunku będzie rozwijała się cała sieć. Bitcoin jest jedną z nielicznych kryptowalut, która nie miała żadnego rodzaju pierwszej oferty publicznej.

Tokeny użytkowe (ang. *utility tokens*)

Tokeny dystrybuowane są wśród użytkowników sieci zazwyczaj w pierwszych ofertach publicznych – ICO (*ang. Initial Coin Offering*), co jest odpowiednikiem IPO na tradycyjnej giełdzie papierów wartościowych. Jest to najpopularniejszy rodzaj tokenów. Mają one za sobą wsparcie konkretnego projektu i mogą być tworzone np. na platformie ethereum w standardzie ERC-20. Nawet projekty, które obecnie funkcjonują już na swoich łańcuchach, zaczynały jako tokeny ERC-20, jak choćby binance coin, eos, icon oraz wiele innych. Inwestując w tokeny na poziomie ICO, należy bardzo uważać, bo tylko 7 proc. z nich jest notowane na giełdach, a niektóre znikają od razu, jak tylko uda im się zebrać środki od inwestorów. Wiąże się to więc z ogromnym ryzykiem. Bezpieczniejszym sposobem jest inwestycja w IEO (ang. *Initial Exchange Offering*), chociaż nawet wtedy nie możemy mieć gwarancji zysku.

Tokeny udziałowe (ang. *security tokens*)

Ich dystrybucja przebiega w procesie zwanym STO (ang. *Security Token Offering*). Różni się on od poprzednich tym, że token nie musi być narzędziem pełniącym kilka lub kilkanaście funkcji w swojej sieci, a jest jedynie swojego rodzaju udziałem w firmie, która odpowiada za jego emisję. Te tak zwane tokeny akcyjne podlegają regulacjom prawnym w większym stopniu niż tokeny użytkowe. Mają one zabezpieczenie w postaci certyfikatów lub instrumentów finansowych, które posiadają określoną wartość i nie wynika ona w całości ze spekulacji. Więcej na temat finansowania projektów kryptowalutowych przeczytasz w dalszej części książki.

Co nadaje kryptowalutom ich wartość?

Jak wiadomo, większość kryptowalut ma pewną wartość, która jest dość zmienna w zależności od trendów i nastrojów, jakie panują na rynku. Jedynymi walutami, których wartość jest stała i które nie podlegają ruchom spekulacyjnym, są tak zwane stabilne kryptowaluty (ang. *stablecoins*). Są to waluty cyfrowe, które z założenia mają nie podlegać wahaniom kursu lub ich zmienność cenowa powinna być minimalna. Stabilne kryptowaluty jako zasób cyfrowy w większości odpowiadają wartości dolara w stosunku 1:1. Emitent powinien zapewnić pokrycie swojej waluty cyfrowej w walucie fiducjarnej lub innym aktywie o określonej wartości (np. złoto, srebro, bitcoin) oraz przechodzić regularne audyty.

Istnieje wiele stabilnych kryptowalut, przykładami są trueUSD (*TUSD*), USD coin (*USDC*), paxos standard (*PAX*), dai (*DAI*). Najpopularniejszą z nich, o największej kapitalizacji, jest aktualnie tether (*USDT*).

Stablecoiny nie należą do aktywów, które kupuje się, aby zarabiać na wahaniach kursowych. Mimo to stanowią one bardzo przydatne narzędzie. Wpływają na bezpieczeństwo zakupu oraz umożliwiają inwestowanie w inne waluty cyfrowe. Wykorzystanie ich pozwala ominąć etap, w którym najpierw musimy kupić bitcoina, po czym przesłać na giełdę i wymienić na pożądaną przez nas kryptowalutę.

Jeśli chcemy z naszymi środkami tymczasowo wyjść z giełdy (tj. upewnić się, że nie podlegają one wahaniom kursowym), nie musimy przechodzić bezpośrednio na walutę fiducjarną. Możemy zamienić nasze cyfrowe waluty na stablecoiny. Manewr ten ma dużą zaletę z punktu widzenia inwestorów. Nie pociąga za sobą bowiem obowiązku podatkowego rozliczenia się z potencjalnych dochodów, które pojawiłyby się po zamianie naszych kryptowalut na złotówki lub dolary. Pamiętajmy jednak, że podatek należy uregulować, gdy ostatecznie zdecydujemy się wypłacić nasze środki z giełdy lub zamieniamy je na pieniądze fiducjarne.

Aby odpowiedzieć na pytanie, co nadaje wartość pozostałym kryptowalutom, należałoby przypomnieć sobie podstawowe prawa ekonomii, które obowiązują w każdej jej dziedzinie, a następnie zawęzić ich znaczenie do konkretnych przykładów z rynku walut cyfrowych.

Dlaczego złoto ma określoną wartość?

Fizyczne złoto jest względnie rzadkim surowcem, trudnym do wydobycia. Jego zasoby są ograniczone, co wiąże się również z ograniczeniem jego podaży. Ma ono cechy, które powodują, że konsumenci czerpią satysfakcję z wykorzystania go. Posiada więc użyteczność, która w połączeniu z ograniczeniem ilości sprawia, że są chętni do nabycia go, przez co ma ono określoną wartość.

W przypadku bitcoina sytuacja jest bardzo podobna, jego ilość jest ograniczona do 21 mln sztuk i nigdy nie będzie go więcej. Aktualnie w obiegu jest około 85 proc. wszystkich bitcoinów, a przez kolejne 120 lat będzie można wykopać pozostałe 15 proc. Jeśli chodzi o złoto, to tak naprawdę nie wiadomo, ile jeszcze będzie go można wydobyć. Są miejsca, w których wydobycie złota jest aktualnie nieopłacalne, ale wraz z rozwojem technologii w niedalekiej przyszłości może się to zmienić. Inflacja złota utrzymuje się na bardzo niskim poziomie w porównaniu do np. walut fiducjarnych (dolar, złotówka), ale jednak występuje. Tylko w 2016 roku wydobyto około 3,1 tys. ton złota. Mimo to złoto w długich okresach bardzo dobrze przechowuje wartość pieniądza. Dla przykładu, chcąc kupić dobry garnitur w USA, w latach 1925–1930 zapłacilibyśmy za niego około jednej uncji złota. Dzisiaj, mając tę samą uncję złota, również moglibyśmy sobie pozwolić na wysokiej klasy garnitur. Gdybyśmy jednak nie posiadali złota, a nasz cały kapitał był ulokowany w dolarach, ich wartość na dziś, ze względu na inflację, byłaby znikoma.

Wiele osób zarzuca bitcoinowi, że jest on fikcyjny, ponieważ nie ma fizycznej postaci. Jednak technologia blockchain oraz mechanizmy kryptograficzne, które nim rządzą, zapewniają mu jedyną w swoim rodzaju unikalność, przez co staje się jak najbardziej realnym składnikiem aktywów. Nikt nie jest w stanie go dodrukować ani wpłynąć na algorytmy obecne w jego sieci bez zgody większości użytkowników sieci. Gdybyśmy dla porównania zamiast uncji złota w 2010 roku zdecydowali się na kupno bitcoina o tej samej wartości, dziś bylibyśmy w posiadaniu co najmniej kilkunastu milionów dolarów. Oczywiście czytanie wykresów wstecz jest bardzo łatwe, a sukces, jaki osiągnął bitcoin, nie był gwarantowany. Warto o tym jednak wspomnieć, ponieważ w historii nie było aktywów, które dałyby możliwość wygenerowania takich ogromnych zysków w tak względnie krótkim czasie.

Użyteczność bitcoina

Bitcoin, jako kryptowaluta charakteryzująca się wysokim poziomem bezpieczeństwa, często jest wykorzystywany do szybkich transferów dużych kwot z pominięciem zaufanej trzeciej strony, która pośredniczy w transakcji (np. banków). Nadaje mu to bardzo dużą użyteczność, która w połączeniu z ograniczoną podażą, malejącą co cztery lata, ze względu na zjawisko zwane halvingiem, generuje wartość bitcoina. Podczas halvingu zmniejsza się o połowę ilość wydobywanej kryptowaluty, co nadaje jej deflacyjny charakter, czyli inaczej mówiąc, występuje zjawisko malejącej inflacji. Wydobycie tej kryptowaluty również kosztuje, wymagany jest specjalistyczny sprzęt oraz duże nakłady energii elektrycznej, co niewątpliwie wpływa na jej cenę. Niektórzy uważają, że na przestrzeni następnych lat bitcoin również będzie bardzo dobrze przechowywał wartość pieniądza. Jednak, oceniając z dzisiejszej perspektywy, istnieje zbyt krótko abyśmy z całkowitą pewnością mogli to stwierdzić. Historia złota sięga tysięcy lat wstecz, przez co jest ono „sprawdzonym" składnikiem aktywów. Bitcoin powstał w 2009 roku, a jego przyszłość cały czas stanowi wielką zagadkę.

Czym jest blockchain?

Sieć blockchain to publiczna baza danych, która prowadzi stały zapis transakcji cyfrowych. Co ważne, ta baza danych nie wymaga żadnego centralnego organu do jej utrzymania i zabezpieczenia. Działa jako system transakcyjny – struktura, w której jednostki mogą dokonywać transakcji P2P (model sieci, w której wszystkie jednostki uczestniczące w niej mają takie same uprawnienia) bez konieczności zaufania trzeciej stronie lub sobie nawzajem.

Zgodnie z definicją jest to rozproszona baza danych, której kod źródłowy jest otwarty i dostępny dla każdego użytkownika sieci. Posiada architekturę P2P (ang. *peer-to-peer*) bez centralnych serwerów do przechowywania danych. Służy do księgowania poszczególnych transakcji, płatności lub zapisów księgowych, które zakodowane są za pomocą bezpiecznych algorytmów kryptograficznych, co uniemożliwia oszukanie systemu.

Łańcuchowy blok kryptowalut działa zasadniczo jak „maszyna stanów" oparta na transakcjach. W informatyce maszyna stanów to pojęcie, które odnosi się do czegoś, co odczytuje serię danych wejściowych i na podstawie tych danych przechodzi do nowego stanu. Podczas realizacji transakcji stan każdej z nich ulega zmianie ze stanu początkowego na końcowy. Są one grupowane w bloki, z ktoych każdy zawiera określoną ilość transakcji i jest połączony z poprzednim.

W przypadku kryptowalut, takich jak np.: bitcoin, ethereum, litecoin czy monero, pierwszym blokiem, od którego wszystko się rozpoczęło, był blok *genesis* – jest to tzw. blok zerowy, który powstał, zanim jakiekolwiek transakcje zostały wykonane. Jest on wyjątkowy, ponieważ nie odwołuje się do poprzedniego bloku. Stanowił on swego rodzaju „wzorzec" dla kolejnych bloków.

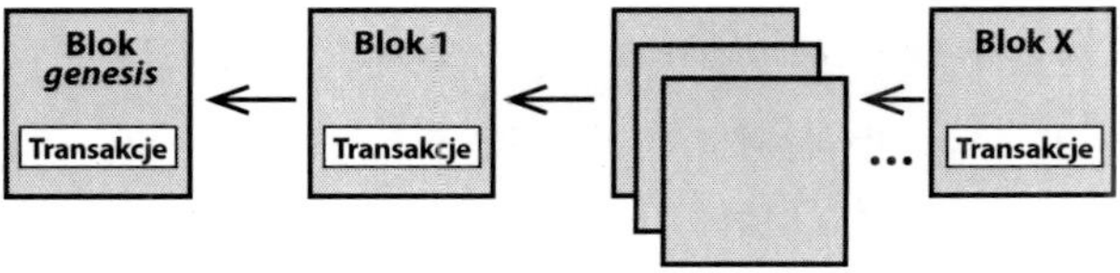

Rys. 5. Blok *genesis* oraz połączona sieć pozostałych bloków zawierających określone transakcje

Aby można było spowodować przejście bloku z jednego stanu do drugiego, transakcje znajdujące się w nim muszą być uznane za ważne. Transakcja zostaje uznana za ważną, jeśli przejdzie proces walidacji. Każdy walidator działający w sieci blockchain danej kryptowaluty sprawdza transakcje w sposób określony w jej protokole. Szczegółowo opisano to w rozdziale pt. *Wiodące algorytmy konsensusu w sieciach blockchain*.

Transakcje w blokach bitcoina

Bloki w łańcuchu bitcoina, które mają trafić do łańcucha głównego sieci blockchain, zawierają pakietowe pliki, w których są rejestrowane wszystkie dane dotyczące ostatnich transakcji. Uwalniane są one co dziesięć minut, co pozwala na pobranie oraz zweryfikowanie ich w czasie rzeczywistym. Im większa ilość danych, które należy pobrać, tym większe wymagania systemowe (odpowiedni procesor, przepustowość, pamięć) muszą spełniać węzły utrzymujące sieć. Jest to powód, dla którego jeszcze kilka lat temu, gdy sieć bitcoina miała względnie małe rozmiary, można było z łatwością „kopać" go na komputerach wykorzystywanych do codziennego użytku. Aktualnie jest to praktycznie niemożliwe lub nieopłacalne.

Każdy blok możemy przyrównać do książki, w której zapisywane są transakcje. Łańcuch bloków przypomina jedną wielką, zdecentralizowaną księgę, stanowiącą podstawę sieci bitcoina. Każdy z bloków ma określony rozmiar, który stanowi limit transakcji i ogranicza ich przetwarzanie. Dla bitcoina limit ten wynosi aktualnie 1 MB. Został on ustalony na tym poziomie podczas tworzenia struktury tej kryptowaluty i od tego czasu nie uległ znacznej zmianie.

Górnicy są w stanie określić, ile transakcji ma zostać umieszczonych w konkretnym bloku, jeśli jednak maksymalny limit zostanie przekroczony, to blok będzie odrzucony przez sieć.

Wady i zalety wynikające z ograniczenia rozmiaru bloku

Limity ograniczające rozmiar bloku są konieczne ze względu na potencjalne ataki, które powodowałyby „zalanie" sieci małymi transakcjami i długotrwałe zastoje. Mimo że system ograniczeń zapewnia sieci wysoki poziom bezpieczeństwa, to jednak wykazuje szereg wad.

Pierwszą z nich są wysokie opłaty transakcyjne w czasie, gdy sieć jest mocno obciążona. Jednym ze sposobów, aby transakcja przeszła w kolejnym bloku, jest uiszczenie wyższej opłaty transakcyjnej niż inni użytkownicy. Spowoduje to, że górnik chętniej zatwierdzi taką transakcję, ponieważ uzyska z niej więcej bitcoinów niż z pozostałych. Jest to swojego rodzaju licytacja „kto da więcej", w wyniku czego osoby, którym zależy na szybkim zatwierdzeniu transakcji, znacznie zawyżają opłaty wymagane do jej przeprowadzenia.

W konsekwencji tych działań wydłuża się czas oczekiwania dla tych, którzy ustawili niższą opłatę. Osoby te muszą poczekać, aż zmniejszy się liczba osób, które celowo przepłacają za transakcje, żeby tylko załapać się do najbliższego bloku. W czasie gdy zainteresowanie bitcoinem wzrasta, rośnie również liczba transakcji wykonywanych w sieci, co powoduje jej spore obciążenie. Im więcej osób korzysta z niej jednocześnie, tym wyższe opłaty będziemy musieli uregulować za sprawne dokonanie naszej transakcji. Wartość opłat liczona jest w najmniejszej rozliczeniowej jednostce bitcoina, zwanej satoshi, a nie w odniesieniu do dolara. Oznacza to, że im wyższy jest kurs bitcoina, tym więcej dolarów kosztuje nas przeprowadzenie operacji. Warto też podkreślić, że sieć bitcoina jest w stanie przetwarzać tylko od siedmiu do około dwudziestu transakcji na sekundę.

Skalowalność sieci kryptowalut

W przypadku większości systemów komputerowych, np. baz danych lub wyszukiwarek, pojęcie skalowalności odnosi się do radzenia sobie z rosnącą liczbą zadań. W odniesieniu do kryptowalut możemy zaobserwować podobną sytuację, z tym że dotyczy ona liczby transakcji wykonywanych na określonym łańcuchu bloków. System ma słabą skalowalność, jeżeli nie jest w stanie automatycznie dystrybuować większej ilości zasobów, np. mocy obliczeniowej, przepustowości czy serwerów, wymaga dodatkowych modyfikacji, aby poradzić sobie ze zwiększonym obciążeniem.

Skalowalność jest jednym z największych problemów, z jakimi boryka się bitcoin oraz inne kryptowaluty wykorzystujące technologię blockchain. Jest ona przedmiotem zainteresowania wielu entuzjastów z branży walut cyfrowych oraz badaczy akademickich od czasu powstania bitcoina. Pod pojęciem skalowalności łańcucha bloków rozumie się głównie ilość transakcji na sekundę, które może przetworzyć sieć.

Jak zwiększyć skalowalność sieci?

W rzeczywistości możemy wyróżnić kilka typów rozwiązań mających wpływ na zwiększenie skalowalności sieci blockchain. Należą do nich:

- poprawa przepustowości sieci poprzez zmniejszenie lub zwiększenie interwału bloku bez ingerencji w algorytm konsensusu;

- zastosowanie rozwiązań, które będą działać w ramach konsensusu, ale pozwolą osiągać wyższą przepustowość, jeśli algorytm zostanie zmodyfikowany;
- wykorzystanie skalowalnych łańcuchów blokowych, co zniosłoby wymóg sprawdzania poprawności starszych transakcji oraz konieczność pobierania historycznych informacji na temat węzłów walidujących je; następstwem tego byłoby zwiększenie przepustowości systemu oraz potencjalnego rozmiaru sieci.

Skalowanie bitcoina poza siecią błyskawiczną

Jak wiadomo, bitcoin ma spore problemy ze skalowalnością. Wynika to z faktu, że protokół *proof-of-work*, na którym oparta jest jego sieć, w dużej mierze na to nie pozwala. W sieci bitcoina protokół ten używany jest jako losowa metoda na określenie następnego prawidłowego bloku. Nowy blok musi być również zsynchronizowany z całą siecią, aby każdy węzeł mógł konkurować w „wyścigu" o następny blok. Przyłączanie nowych bloków ma więc strukturę kaskadową. Dzięki temu algorytm konsensusu może rozpocząć się dopiero po zakończeniu przez wszystkie węzły odbierania i sprawdzania bloków. W uproszczeniu konsensus polega na tym, że większość węzłów w sieci potwierdza, iż informacja, która zostanie dołączona do kolejnego łańcucha bloków, jest prawdziwa.

Jeśli czas generowania bloku zostałby skrócony do jednej minuty (przyśpieszenie dziesięciokrotne), to przy aktualnym czasie trwania synchronizacji pojawiałoby się wiele bloków generowanych w różnych kierunkach od łańcucha głównego. Skutkiem tego byłoby wydłużenie się czasu potwierdzenia transakcji i obniżenie poziomu bezpieczeństwa sieci. Ukrytym ograniczeniem w bitcoinie jest to, że czas trwania każdego etapu algorytmu konsensusu powinien być znacznie dłuższy niż okres synchronizacji. To, ile czasu potrzeba na synchronizację, zależy nie tylko od tego algorytmu, ale także od charakterystyki sieci bazowej (przepustowość, opóźnienia, poziom decentralizacji). Aktualnie liczba transakcji, które może przetwarzać sieć bitcoina w ciągu sekundy, wynosi od pięciu do siedmiu. Po odpowiednich modyfikacjach może ona wzrosnąć do około dwudziestu transakcji na sekundę, ale w porównaniu do innych projektów czy kart płatniczych to wciąż bardzo mało.

Rodzaje adresów w sieci bitcoina

Standardowo do przeprowadzenia transakcji w sieci bitcoina wystarcza jeden cyfrowy podpis osoby, do której należą środki. Jeśli adres jest wielosygnaturowy, to transakcja wymaga dwóch lub więcej podpisów, zanim zostanie zrealizowana. Jest to dodatkowy mechanizm, który pozwala na zabezpieczenie posiadanych środków, i możemy zaimplementować go w swoich bitcoinowych portfelach. Podpis cyfrowy generowany jest poprzez klucz prywatny należący do właściciela danych środków. Koncepcja ta znajduje wykorzystanie np. w instytucjach finansowych, w sektorze bankowym, a także podczas sprzedaży innych niż bitcoin zasobów cyfrowych. Jest ona stosowana od bardzo dawna, ponieważ nie różni się praktycznie niczym od transakcji finansowych na papierze, które aby zostać zrealizowane, wymagają co najmniej kilku podpisów. Pozwala to zapewnić bezpieczeństwo wspólnej własności, ponieważ jedna osoba nie jest w stanie nic z nimi zrobić bez zgody pozostałych właścicieli tych środków.

Mechanizm multisygnatur bardzo często jest wykorzystywany przez giełdy, tak aby jeden nieuczciwy pracownik nie był w stanie zabrać wszystkich posiadanych środków. Niestety nie ma portfela, który byłby idealny. Zawsze możemy zostać zmuszeni do otwarcia go, zgubić klucz prywatny lub sprzęt, na którym go posiadamy. Wykorzystując multisygnatury, decydujemy się zaufać trzeciej stronie, którą sami możemy wybrać. Pozwoli to w razie problemów dodatkowo zabezpieczyć posiadane przez nas środki i nawet jeśli osoba ta postanowi nas zdradzić, to może nie uzyskać do nich pełnego dostępu (w zależności od wykorzystywanej permutacji).

Standardowymi adresami stosowanymi w portfelach z wieloma sygnaturami są adresy P2SH (ang. *pay-toScriptHash*). Istnieje możliwość ustawienia wielu możliwych permutacji, które będą zabezpieczały nasz portfel. Najprostsza z nich pozwala na „współdzielenie portfela" z innym użytkownikiem i wymaga jednego z dwóch podpisów, aby uzyskać dostęp do środków. Najpopularniejsza jest kombinacja, w której dwie z trzech osób muszą zatwierdzić transakcję, aby doszła do skutku. Bardziej złożone kombinacje, czyli np. 3 z 5 lub 4 z 7 (itd....), wykorzystywane są już głównie przez giełdy kryptowalutowe, chociaż każdy użytkownik w sieci jest w stanie stworzyć taki portfel.

Każdy portfel kryptowalutowy posiada swój własny, unikalny adres. Jest to szereg znaków, których znajomość pozwala na przesłanie środków na konto danego użytkownika. Adresy mogą istnieć w różnych formatach i składają się z klucza publicznego, który jest niezbędny, aby przelać środki, oraz klucza prywatnego, który zapewnia do nich dostęp i umożliwia wykonywanie transakcji.

Adresy Pay-to-PubKeyHash (P2PKH)

Podczas wymiany monet wysłanych na określony adres bitcoina przekazywany jest zarówno nasz adres publiczny, jak i sygnatura podpisu, która powstała na podstawie klucza prywatnego. P2PKH (Pay-to-Public-Key-Hash) to podstawowa i najpopularniejsza forma transakcji w sieci bitcoina. Adresy te wykorzystują skrypt odpowiedzialny za dystrybucję przesyłanych środków na podstawie klucza publicznego i podpisu cyfrowego.

```
Skrypt dla klucza publicznego:
scriptPubKey: OP_DUP OP_HASH160 <pubKeyHash> OP_EQUALVERIFY OP_CHECKSIG

Skrypt dla sugnatury (cyfrowego podpisu):
scriptSig: <sig> <pubKey>
```

Rys. 6. Skrypt klucza prywatnego oraz sygnatury

Podpis cyfrowy generowany jest poprzez klucz prywatny użytkownika i jest dowodem na to, że określona osoba faktycznie jest właścicielem tych monet.

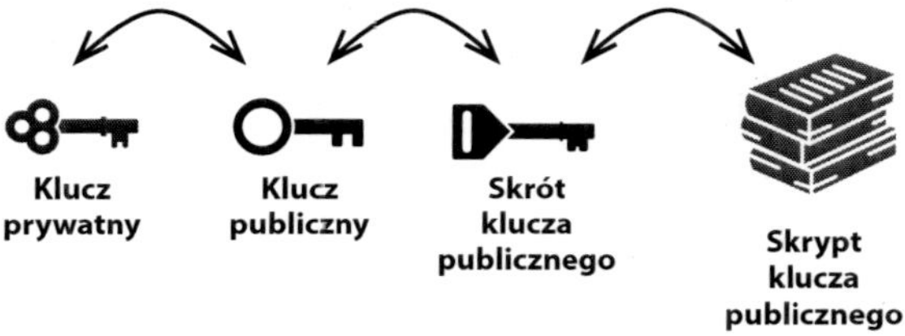

Rys. 7. Proces generowania cyfrowego podpisu w adresach P2PKH

Adresy P2PKH są łatwe do rozpoznania, ponieważ zaczynają się od cyfry 1.

Adresy Pay-toScriptHash (P2SH)

W adresach tych obecny jest skrypt, który wymaga spełnienia określonych warunków, aby transakcja została zatwierdzona. Nadawca przesyłający kryptowaluty na ten adres ma obniżone opłaty transakcyjne, ponieważ są one przeniesione na osobę, która wyda otrzymane środki. Skrót kryptograficzny (skróty tworzone są procesie haszowania, w którym dane wejściowe przekształca się w zdefiniowany ciąg znaków) ma stałą wielkość i pozwala na przesyłanie środków na dowolny kompatybilny adres. Adresy P2SH są powszechnie implementowane w przypadku portfeli wykorzystujących więcej niż jedną sygnaturę (ang. *multisig*). Skrypt ten jest egzekwowany w dwóch fazach. Najpierw tworzony jest skrót tej części, którą wykorzystuje osoba wydająca środki z danego adresu, a następnie porównywany jest on ze skrótem skryptu odpowiadającego za weryfikację transakcji. Adresy te pozwalają również na zachowanie większej prywatności, ponieważ informacje, które są udostępniane publicznie, zawierają tylko jednokierunkowe skróty innych składowych. Nie jesteśmy więc w stanie, patrząc na rezultat, ustalić, jakie były dane wejściowe. Adresy P2SH rozpoczynają się od cyfry 3.

Adresy Bech-32

Bech-32 to popularny adres segwitowy – dłuższy niż te pochodzące z „rodziny P2". SegWit (ang. *Segregated Witness*) to aktualizacja protokołu w sieci bitcoina, która zmienia sposób, w jaki przechowywane są w niej dane. W protokole bitcoina została ona zaimplementowana 23 sierpnia 2017 roku, a w przypadku litecoina – 10 maja 2017 roku. Programista Pieter Wiulle po raz pierwszy zaprezentował idee tego pomysłu na konferencji „Scaling bitcoin" w grudniu 2015 roku. Wiele osób uznało to za długo wyczekiwane rozwiązanie w kwestii skalowalności bitcoina.

SegWit naprawił błędy w transakcjach, usuwając informacje o podpisie i przechowując je poza podstawowym blokiem transakcji. Pozwala to na tworzenie skryptów i podpisów bez wpływu na identyfikatory dokonywanych transakcji. Dodatkowym plusem jest to, że transakcje niezawierające podpisów ważą mniej, przez co w każdym bloku zmieści się ich więcej bez konieczności modyfikacji jego przepustowości. Aktualizacja ta wprowadziła również koncepcję „wagi bloku". Jest to połączenie bloku z danymi zawierającymi podpisy z tymi, które ich nie posiadają. Limit bloku wynosi wtedy 4 MB, podczas gdy podstawowe transakcje pozostają na poziomie 1 MB. Oznacza to, że transakcje są dokonywane w zgodzie z obowiązującym protokołem. Nie ma konieczności przeprowadzania „hard forku" – czyli podziału sieci na dwa osobne łańcuchy. Obsługuje go większość portfeli oraz oprogramowań, ale w przypadku giełd jest to problematyczne. Pozwalają one na przesyłanie środków na te adresy, ale transakcje w drugą stronę nie zawsze są już możliwe. Każdy adres Bech-32 zaczyna się od prefiksu „*bc1*". Obecnie mniej niż 1 proc. bitcoinów przechowywanych jest pod tymi adresami, ale liczba ta stopniowo wzrasta.

Na czym polega fork? Podziały w sieciach kryptowalut

Sieci kryptowalut, które wykorzystują technologię blockchain, mają możliwość utworzenia odłamu w łańcuchu głównym, który będzie się rozwijał jako osobny projekt. Proces ten nazywany jest „forkiem", ponieważ sieć na wzór widelca dzieli się na jeden lub kilka osobnych łańcuchów. Każdy z nich będzie w pełni autonomiczny i utrzymywany przez węzły, które zdecydują się go wspierać poprzez weryfikację transakcji wykonywanych w jego sieci. Powodem, dla którego dochodzi do podziału sieci, jest zazwyczaj aktualizacja lub modyfikacja aktualnie funkcjonującego w niej oprogramowania. Z założenia ma ona na celu usprawnienie działania sieci, chociaż nie zawsze ma to odzwierciedlenie w rzeczywistości. Każdy węzeł uruchamia oprogramowanie, które pozwala na funkcjonowanie danej sieci – im więcej jest w niej węzłów, tym jest ona bezpieczniejsza. Jeden rodzaj oprogramowania jest zawsze przypisany do jednej kryptowaluty, nie ma możliwości działania za jego pomocą w kilku sieciach jednocześnie. W sieciach kryptowalut mogą wystąpić dwa rodzaje forków. Pierwszym z nich są tzw. hard forki, w których dochodzi do aktualizacji oprogramowania, co wiąże się z modyfikacjami parametrów sieci (np. zwiększeniem rozmiaru bloku, zmianą algorytmu wydobycia). Są to zmiany, które jeśli nie zostaną zaakceptowane przez większość węzłów w sieci, spowodują utworzenie osobnego łańcucha, który będzie rozwijał się niezależnie od tego pierwotnego. Podczas takiego forku powstały np.: bitcoin cash, bitcoin diamond czy ethereum classic oraz wiele innych, mniej popularnych kryptowalut. Ich pojawienie się nie rzutuje w żaden sposób na oryginał, na bazie którego powstały.

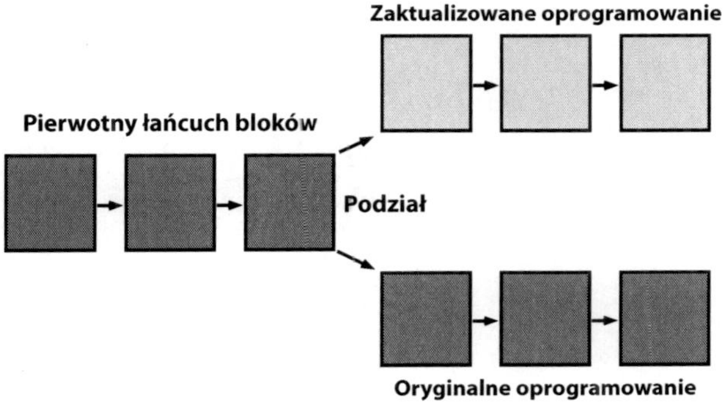

Rys. 8. Hard fork

Innym rodzajem aktualizacji oprogramowania, nieprowadzącym do podziału łańcucha głównego, są tzw. soft forki. Pozwalają one na kompatybilne działanie nowej i starszej wersji, a przykładem takiego ulepszenia jest segwit. Segwitowe adresy nowej klasy (*bech-32*) w sieci bitcoina znacząco wpłynęły na szybkość jej działania oraz spowodowały zmniejszenie opłat za jej wykorzystanie.

Sieć błyskawiczna bitcoina

Lightning network to sieć, która umożliwia wykonywanie praktycznie darmowych i ekspresowych płatności przy pomocy bitcoina. Nie jest jednocześnie zaimplementowana do jego rdzenia ani łańcucha bloków. Rozwija się jako osobny projekt. Rozwiązanie z wykorzystaniem tej sieci pozwala na grupowanie transakcji w partie. Są one przeprowadzane poza łańcuchem (ang. *off-chain*) i synchronizowane okresowo z blokami bitcoina. Osoby, które chcą przesyłać sobie środki, mogą otworzyć kanał między sobą lub łączyć się za pomocą innych użytkowników, którzy posiadają już otwarte kanały, jeśli występuje w nich odpowiedni zasób środków, niezbędny do sfinalizowania transakcji. Otwieranie i zamykanie kanałów wiąże się ze sporymi opłatami transakcyjnymi, ponieważ czynność tę trzeba wykonać za pomocą sieci głównej. Mechanizm transakcyjny jest tak zaprogramowany, aby wybierać najkrótszą ścieżkę niezbędną do przekazania monet drugiej stronie. Rzeczywista redystrybucja środków następuje dopiero po zamknięciu kanału. Algorytm sieci wykorzystuje ostatnio podpisane kluczami prywatnymi transakcje do aktualizacji bilansu konta. Sieć błyskawiczna umożliwia użytkownikom przeprowadzenie wielu transakcji poza głównym łańcuchem bloków, a następnie zapisywanie ich jako pojedynczych transakcji w bloku. Dużą zaletą tego rozwiązania jest fakt, że pozwala na transfer bardzo niewielkich ilości bitcoina, jak np. 1 satoshi (czyli 0,00000001 BTC). Rozwiązanie to jest cały czas udoskonalane, ponieważ mimo wielu zalet występuje w nim kilka ograniczeń. Odbiorca, do którego przesyłamy nasze środki, musi być dostępny w sieci. Podczas zwykłych transakcji za pomocą bitcoina nie ma znaczenia, czy adres, na który przesyłamy nasze środki, jest aktualnie dostępny. W sieci błyskawicznej podczas przesyłania dużych sum pieniężnych może również okazać się, że w portfelach, przez które przejdzie transakcja, nie będzie wystarczającej ilości środków potrzebnych do jej sfinalizowania. Mechanizm ten jest jednak cały czas usprawniany, a deweloperzy pracują nad rozwiązaniami, które zoptymalizują działanie tej sieci.

Atomowe wymiany

Standardowo, chcąc wymienić swoją kryptowalutę na inną, przesyłamy swoje środki na giełdę i dokonujemy transakcji lub robimy to bezpośrednio za pomocą kantoru. W obydwu przypadkach musimy uiścić związane z tym opłaty, po czym (w przypadku giełdy) przesłać swoje nowe monety do portfela. Mechanizm „atomowej" wymiany umożliwia bezpośrednią wymianę kryptowalut na inne (transakcje między różnymi blockchainami) bez konieczności korzystania z giełd czy kantorów. Polega ona na utworzeniu automatycznie regulujących się inteligentnych kontraktów, które będą wykonywać określone, zawarte w nim działania, i jest to forma nieodpłatnego handlu. Kontrakty te nazywane są *hash timelock contracts* (HTCL) i do poprawnego działania wymagają obecności dwóch kluczy. Pierwszy z nich odpowiada za dystrybucję kryptowaluty, gdy obydwie strony podpiszą się pod wykonywaną transakcją. Zwany jest kluczem *HashLock*. Drugi z nich to tzw. *TimeLock* z zaimplementowanym mechanizmem bezpieczeństwa, który po określonym czasie, jeśli nie zostaną spełnione warunki zawarte w kontrakcie, zwróci środki na adres właściciela. Aby dokonać wymiany, należy najpierw utworzyć adres HTCL w celu zdeponowania waluty. Na kolejnym etapie tworzy się tajny kod dostępu, który ulega procesowi haszowania (jest to proces, w którym dane wejściowe są kodowane za pomocą odpowiedniego algorytmu). Adres w takiej formie przekazywany jest drugiej osobie, która może sprawdzić, czy środki zostały przekazane na adres zapisany w kontrakcie. Jeśli tak, to deponuje ona swoje środki pod innym adresem z tym samym hashem, a następnie za pomocą tajnego kodu może odblokować początkowy kapitał, umieszczony pod odpowiednim adresem przez osobę, z którą prowadzi wymianę, i tym sposobem dochodzi do wymiany środków między użytkownikami.

Jak funkcjonuje ethereum?

Jest to jedna z pierwszych cyfrowych walut, która umożliwiła tworzenie inteligentnych kontraktów, zdecentralizowanych aplikacji oraz tokenów ERC na swoim głównym łańcuchu bloków. Jak już wiemy z wcześniejszego rozdziału, łańcuch bloków ethereum wykorzystuje algorytm dowodu pracy (ang. *proof-of-work*). Celem deweloperów tego projektu jest zmiana i przejście na algorytm stawek (ang. *proof-of-stake*). Spowoduje to, ich zdaniem, większą decentralizację oraz ograniczy zużycie energii.

Aktualnie łańcuchowy blok ethereum działa, używając wewnętrznej monety cyfrowej o nazwie ether (ETH). Za każdym razem, gdy górnik wydobywa blok, generowane i przyznawane są nowe monety etheru. Proces ten przebiega analogicznie jak w przypadku popularnego bitcoina. Aby określić, która ścieżka łańcucha jest prawidłowa i uniknąć rozgałęzienia pierwotnego łańcucha bloków na inny, sieć ethereum wykorzystuje tzw. *GHOST protocol*. Protokół ten mówi, że musimy wybrać ścieżkę, na której wykonano najwięcej obliczeń. Im wyższy numer bloku, tym dłuższa ścieżka i większy wysiłek wydobywczy, jaki musiał zostać włożony, by osiągnąć ten punkt.

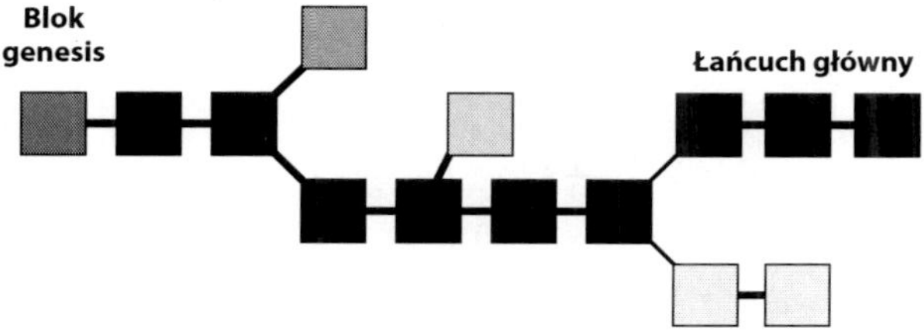

Rys. 9. Łańcuch bloków w sieci ethereum

Części składowe budujące platformę ethereum

Współdzielenie sieci ethereum między wszystkimi jej użytkownikami polega na wykorzystaniu wielu małych obiektów, którymi są ich konta oraz adresy. Są one w stanie współdziałać ze sobą za pomocą struktury, w której przekazywane są transakcje. Każde konto ma przypisany określony stan początkowy i adres. Adres w ethereum składa się ze 160 bitów i jest używany jako identyfikator.

W tej sieci występują dwa rodzaje kont:

- konta będące własnością zewnętrzną określonych użytkowników, które są kontrolowane przez klucze prywatne;
- konta zawierające kontrakty, które posiadają powiązany z nimi kod.

Konto kontrolowane kluczem prywatnym może wykonywać transakcje na inne rachunki lub konta kontraktowe poprzez tworzenie i podpisywanie ich przy użyciu tego klucza. Realizowanie transakcji z konta zewnętrznego na konto zawierające kontrakt powoduje jego aktywację i umożliwia przeprowadzenie opisanych w nim działań (np. tworzenie nowych tokenów, kontraktów lub wykonywanie określonych obliczeń). Co ważne, z kont kontraktowych nie możemy również samodzielnie dokonywać nowych transakcji, ponieważ są one stworzone w taki sposób, aby realizować określone działania w odpowiedzi na otrzymane transakcje.

Rys. 10. Transakcja dokonywana za pomocą zwykłego konta kontrolowanego kluczem prywatnym

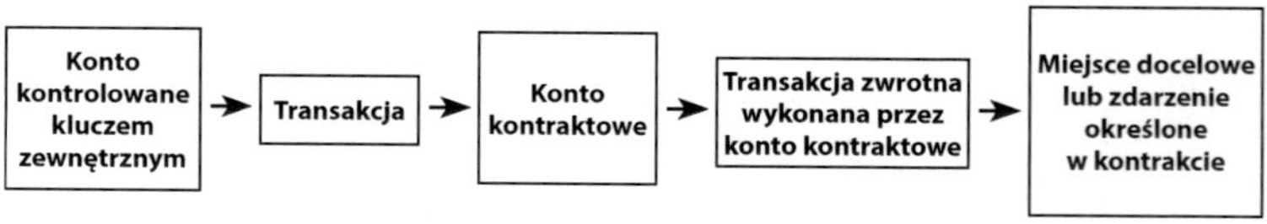

Rys. 11. Transakcje realizowane między kontem kontrolowanym kluczem prywatnym a kontem kontraktowym

Informacje zawarte na nowo utworzonym koncie w sieci ethereum:

- *Nonce* – jest to numer przypisywany do transakcji, która została przeprowadzona z określonego adresu. Dla nowo powstałego konta *nonce* równe jest zeru. Zapewnia ono, że transakcja nie zostanie zrealizowana dwukrotnie.
- *Balance* – jest to ilość środków znajdująca się na koncie. W przypadku nowego konta również ta wartość jest równa zeru. Najmniejszą częścią składową ethera jest wei. Jeden ether = 1 *10^18 wei.
- *Storage root* – skrót zawartości pamięci konta, uzyskany poprzez zastosowanie odpowiedniego skryptu. Zawiera informacje na temat głównego węzła i jest domyślnie pusty.
- *Code hash* – skrót zawartości pamięci konta, uzyskany poprzez zastosowanie odpowiedniego skryptu dla kodu EVM (ang. EVM – *Ethereum Virtual Machine*) przydzielonego dla tego konta.

Koncepcja inteligentnych umów została utworzona już w 1994 roku przez Nicka Szabo – prawnika i kryptografa. Stwierdził on, że zdecentralizowana księga może zostać wykorzystana do utworzenia samowykonywalnych kontraktów.

Aktualnie inteligentne kontrakty rozumiane są jako wirtualnie utworzone umowy między użytkownikami, skrypty oraz niektóre aplikacje zapisywane na łańcuchu bloków określonej kryptowaluty. Opierają się one na wykorzystaniu technologii blockchain i pozwalają automatyczne egzekwować warunki umowy, bez udziału trzeciej strony i możliwości potencjalnych manipulacji oraz przy zminimalizowaniu ryzyka błędu. Najprostszym przykładem takiego kontraktu jest sama sieć bitcoina, która umożliwia przekazywanie środków między użytkownikami sieci. Bardziej skomplikowane mechanizmy zostały wdrożone dopiero wraz z utworzeniem i rozwojem sieci ethereum. W tym celu utworzono EVM (ang. *Ethereum Virtual Machine*). Jest to specjalne środowisko do tworzenia inteligentnych kontraktów, złożone z węzłów. Każdy z nich ma zaimplementowany taki sam zbiór instrukcji oraz jest zdolny do przetwarzania różnych języków programowania (np. C++, Python, Javascript czy Solidity).

ERC-20 – Ethereum Request for Comment – 20

System ERC-20 stworzył listę reguł, które obowiązują wszystkie tokeny wygenerowane przy jego pomocy. Odpowiedni zestaw mechanizmów i funkcji sprawia, że te waluty cyfrowe, niezależnie od konfiguracji, będą działały identycznie w całym ekosystemie, co gwarantuje im płynność w działaniu i bezpieczeństwo. Wdrożenie go do sieci ethereum pozwoliło na tworzenie za pomocą inteligentnych kontraktów innych kryptowalut, które są wykorzystywane w jej ekosystemie. Utworzenie własnej kryptowaluty przy pomocy platformy ethereum zajmuje około 15–20 minut. Trzeba jedynie uregulować opłatę za wykorzystanie sieci w formie „gazu". Tokeny te można przesyłać na wszystkie adresy i do wszystkich portfeli obsługujących standard ERC-20, więc użytkownicy nie muszą się martwić o bezpieczne przechowywanie swoich kryptowalut. Będą one zintegrowane z większością istniejących już portfeli, także z tymi sprzętowymi.

Przy konfiguracji własnego tokenu na platformie ethereum możemy określić następujące jej parametry:

- określić całkowitą ilość kryptowaluty, która ma trafić do obrotu (ang. *total supply*);

- ustalić, jaka część tokenów ma znaleźć się na koncie twórcy, a jaka trafić na inne konta;
- umożliwić innym użytkownikom pobranie określonej ilości kryptowaluty po spełnieniu wcześniej ustalonego warunku w inteligentnym kontrakcie.

```
//-----------------------------------------------------------
ERC-20 Token Standard Interface
//-----------------------------------------------------------
contract ERC20Interface {
function totalSupply() public view returns (unit);
function ballanceOf(address tokenOwner) public view returns (unit balance);
function allowance(address tokenOwner, address spender)
public view returns (unit remaining);
function transfer(address to, unit address) public returns (bool success);
function approve(address spender, unit tokens) public returns (bool cussess);
function transferFrom(address from, address to, unit tokens)
public returns (bool success);

event Transfer(address indexed from, address indexed to, uint tokens);
event Approval(address indexed tokenOwner, address indexed spender, uint tokens);
}
```

Rys. 12. Standardowe funkcje wykorzystywane przez tokeny ERC-20[4]

Ethereum wykorzystuje język programowania o nazwie Solidity. Stworzony on został przez niejakiego Vitalika Buterina.

Tokeny te zaczęły być wykorzystywane w dużym stopniu przez firmy, które zbierały fundusze na rozwój

4 https://eips.ethereum.org/EIPS/eip-20.

podczas pierwszej oferty publicznej, tzw. ICO (ang. *Initial Coin Offering*). Jest to jeden z pierwszych i najpopularniejszych sposobów na sfinansowanie projektu kryptowalutowego, a przyjął się ze względu na łatwość wdrożenia. Więcej na temat form finansowania projektów kryptowalutowych w dalszej części książki.

Poza siecią ethereum istnieje wiele innych platform, które umożliwiają tworzenie własnych walut cyfrowych. Ze względu na fakt, że ethereum było pierwsze, to kryptowalut bazujących na systemie ERC-20 jest najwięcej. Najbardziej rozpoznawalne z nich to m.in. EOS, tron czy binance coin, które zaczynały jako tokeny ERC-20, zanim migrowały na własny łańcuch.

ERC-721 – Ethereum Request for Comment – 721

Standard ERC-721 różni się od ERC-20 tym, że tokeny utworzone za jego pomocą nie są wymienne. W przypadku ERC-20 jedną monetę możemy zastąpić inną o takiej samej wartości i nie zauważymy różnicy. W standardzie ERC-721 nie jest to możliwe. Każdy token jest unikalny, ma swoją określoną wartość i cechy. Funkcją definiującą może być np. nazwa, całkowita podaż czy symbol. Mają one wartość głównie kolekcjonerską.

Opłaty w sieci ethereum

Ważnym elementem sprawnego działania sieci blockchainowych są również opłaty. Wszystkie kalkulacje, przeprowadzane w wyniku zawierania transakcji, wiążą się z opłatami. Są one więc niezbędne w takim modelu funkcjonowania sieci, ponieważ pozwalają na utrzymanie jej stabilności i zapewniają ciągły rozwój. Kluczową funkcję spełniają wspomniani górnicy, sprawdzający i zatwierdzający poprawność transakcji i dołączania do bloków, co wymaga zużycia energii – za którą ktoś musi zapłacić. Ponadto opłaty chronią również przed tzw. atakami spamerskimi. Gdyby zawieranie transakcji było darmowe, a przepustowość sieci pozostałaby na aktualnym poziomie, to praktycznie przez cały czas byłaby ona zapchana, a oczekiwanie na zatwierdzenie transakcji znacznie by się wydłużyło.

W sieci ethereum opłata, jaką musimy uiścić, zwana jest gazem (ang. *gas*). Ilość „gazu" użytego do przeprowadzenia transakcji wyrażamy za pomocą jednostki rozliczeniowej zwanej gwei, która stanowi bardzo mały ułamek ethera (1 ether = $1*10^9$ gwei). Podczas każdej transakcji nadawca musi ustalić limit i cenę gazu. Iloczyn tych liczb to maksymalna ilość gwei, którą wysyłający jest w stanie zapłacić za przeprowadzenie transakcji.

Rys. 13. Obliczanie opłaty za wykonanie transakcji

Jeśli na koncie znajduje się odpowiednia ilość etheru potrzebna, aby pokryć koszty transakcji, możemy ją sfinalizować. Ważne jest to, że nie zawsze cały „gaz" zostanie zużyty. Niewykorzystana ilość zostanie zwrócona na koniec transakcji według takiego samego przelicznika.

W przypadku gdy wysyłający nie jest w stanie zapewnić odpowiedniej ilości gazu, transakcja jest uznana za nieważną i jej przetwarzanie zostaje przerwane. Wszystkie zmiany, które nastąpiły w związku z jej realizacją, cofają się do stanu początkowego.

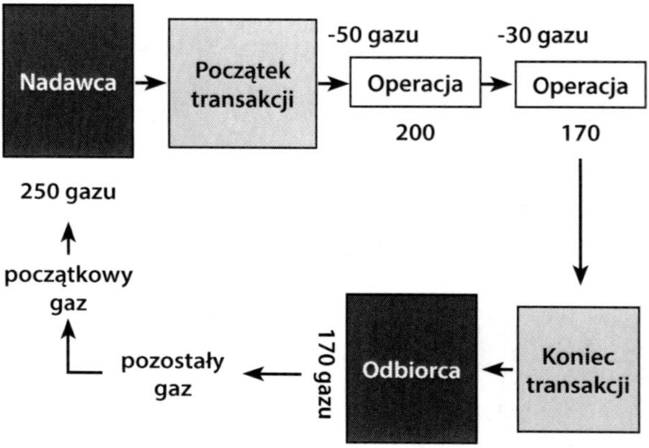

Rys. 14. Przebieg transakcji z wykorzystaniem gazu

Opłaty pobierane są w formie gazu, a następnie trafiają głównie do górników jako nagroda, ponieważ to dzięki nim są wykonywane obliczenia, co skutkuje zatwierdzeniem transakcji w sieci ethereum. Im więcej gazu nadawca jest skłonny zapłacić za operację, tym większy zysk dla górnika. Ma to znaczenie, ponieważ górnik szybciej wybierze i zatwierdzi transakcję, która jest dla niego bardziej opłacalna. Węzły mają swobodę wyboru kolejności sprawdzania oraz ignorowania transakcji w sieci. W praktyce kierują się zyskiem, więc im większą ilość gazu użytkownik jest skłonny zapłacić za wykonanie transakcji, tym szybciej zostanie ona dodana do kolejnego bloku i zatwierdzona.

Zdecentralizowane aplikacje

Bitcoin jest kryptowalutą, która jako pierwsza wykorzystała do funkcjonowania technologię blockchain, jednak dopiero utworzenie ethereum pokazało prawdziwy potencjał, jaki za nią stoi, oraz większość jej możliwości. Platforma tej kryptowaluty umożliwia tworzenie na swoim łańcuchu głównym zdecentralizowanych aplikacji, tak zwanych DAppsów (ang. *decentralized applications*), przez programistów z całego świata.

Aplikacje te nie wymagają głównego serwera, który kontrolowałby ich działanie. Stanowią one publiczną bazę danych, a do ich napędzania wykorzystywane są zazwyczaj tokeny kryptowaluty, na łańcuchu której są zbudowane (nie jest to reguła). Wykorzystują one technologię blockchain, przez co wszystkie dane utworzone w takiej aplikacji zapisują się na odpowiednim łańcuchu bloków. Są tam odpowiednio enkryptowane i przechowywane w publicznym spisie. Osoby sprawdzające poprawność zapisu danych są za swoją pracę odpowiednio nagradzane w kryptowalucie. To, w jaki sposób ta walidacja przebiega, zależy w dużej mierze od protokołu wykorzystywanego przez daną sieć. Stosując się bezpośrednio do warunków niepisanej definicji, jakie spełniają te aplikacje, możemy uznać, że pierwszym DAppsem jest sam bitcoin, który służy jako „aplikacja fiskalna".

Jednym z najpopularniejszych DAppsów, które powstały na platformie ethereum, są kryptokotki. Jest to aplikacja pozwalająca kolekcjonować i łączyć ze sobą unikalne cyfrowe koty, których kod jest zapisany na łańcuchu głównym platformy. Wykorzystują one standard ERC-721, co czyni je niepowtarzalnymi i niewymiennymi. Jest to ich główna cecha, która nadaje im wartość. Kupowanie i sprzedawanie oraz mieszanie ich ze sobą odbywa się z wykorzystaniem kryptowaluty ethereum, wymienialnej po określonym kursie. Fakt, że sygnatura każdego kota jest odpowiednio kryptograficznie zakodowana i zna ją tylko właściciel, powoduje, że nikt nie może mu zabrać jego cyfrowego zwierzaczka. Najdroższy kot sprzedany został za sumę ethereum o wartości 172 tys. dolarów amerykańskich! Mimo że brzmi to komicznie, dla twórców aplikacji wcale takim nie jest, ponieważ w ciągu zaledwie kilku miesięcy zarobili oni kilka milionów dolarów, a aplikacja ta wciąż rozpoznawana jest jako jedna z najbardziej popularnych w świecie DAppsów.

Rys. 15. Kryptokot Dragon #896775[5]

A oto on. Kot Dragon kupiony przez jednego z użytkowników za 172 tys. dolarów amerykańskich. Uroczy, prawda? :).

Inteligentne kontrakty na bitcoinie – MAST

Podczas przeprowadzania transakcji w sieci blockchain bitcoina nie jest konieczne, aby były one odbierane przez klucz publiczny i wydawane za pomocą

5 https://www.cryptokitties.co/kitty/896775.

podpisu cyfrowego. Istnieje możliwość napisania programu (skryptu), który pełni funkcję klucza lub podpisu – bitcoiny byłyby odblokowywane przy pomocy wprowadzanych do niego danych wejściowych, gdy zostanie spełniony określony warunek. Aby proces ten uprościć jeszcze bardziej, przy pomocy owych skryptów możemy stworzyć drzewo skrótów, zwane też drzewem Merkle'a. Funkcją, która pozwoli nam na stworzenie go, jest MAST (ang. *Merklized Abstract Syntax Trees*). Jest to dodatek do sieci bitcoina, który pozwala na zmniejszenie rozmiarów transakcji, większą prywatność oraz wprowadzenie inteligentnych umów. Drzewo Merkle'a to struktura z danymi, zawierająca zbiorcze informacje na temat większego jej fragmentu. Dane znajdujące się na „gałęziach" drzewa mieszają się ze sobą, tworząc indywidualne skróty. Te skróty łączą się z innymi aż do chwili, gdy pozostanie tylko jeden. Nazywany jest on korzeniem drzewa. Głównym zadaniem drzewa jest upewnienie się, że bloki danych trafiających do sieci bitcoina są odbierane i przekazywane dalej w stanie niezmienionym. Gdy ustawimy skrypt, który jest domyślny w każdym portfelu, to wymuszony przez konsensus bitcoina protokół nie pozwoli bez zatwierdzenia wydać naszych monet. Możemy skonfigurować go tak (tworząc inteligentny kontrakt), aby np. po tygodniu niewykonywania żadnej transakcji nasze monety zostały przeniesione na inny, wybrany przez nas adres. Przez ten czas nasze bitcoiny będą „zablokowane" w korzeniu Merkle'a. Po dodaniu takiego warunku do zapisu, który zawiera skrypt, jego rozmiar wzrośnie. Domyślnie ma on za zadanie działać w sieci bitcoina – co zwiększyłoby jej obciążenie. Tutaj rozwiązanie znajduje MAST, który umożliwi trzymanie dodatkowych, „niewykorzystanych" obciążeń poza siecią, dopóki nie zostaną aktywowane. Spowodowałoby to znaczne zmniejszenie wielkości bloku, co wiąże się z jej szybszym działaniem. Aby sprawdzić, czy dany element jest częścią zestawu, potrzebny jest identyfikator, który połączy konkretny element z resztą drzewa Merkle'a. Jeśli będzie on poprawny, w sieci zostanie wygenerowany dowód potwierdzający to i da wtedy pozytywną odpowiedź. Skrypty mogą być ustawione w taki sposób, aby zwiększyć ilość sygnatur wykorzystywanych do podpisywania transakcji, co zwiększy stopień prywatności użytkowników w sieci bitcoina.

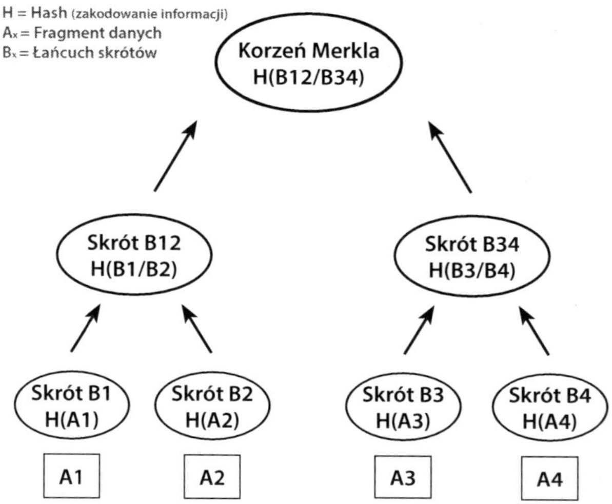

Rys. 16. Drzewo skrótów Merkle'a

Rozwiązania drugiej warstwy poszerzające skalowalność kryptowalut

Przez dziesięć lat istnienia technologii blockchain jej rozwój osiągnął dość wysoki poziom. Na szczycie już istniejących blockchainów coraz częściej pojawiają się dodatkowe rozwiązania, które poprawiają ich skalowalność, zwiększają prywatność i funkcjonalność. Mimo że wprowadza się coraz więcej ulepszeń w sieciach kryptowalut, żadne z rozwiązań nie jest idealne i deweloperzy cały czas pracują nad dalszym ich rozwojem. Rozwiązania na poziomie pierwszej warstwy to solucje zaimplementowane bezpośrednio w łańcuch bloków, natomiast druga warstwa jest poza łańcuchem głównym i pozwala na odciążenie go.

Sharding

Sharding to rodzaj partycjonowania, który dzieli bardzo duże bazy z danymi na mniejsze, szybsze i łatwiejsze w zarządzaniu segmenty. Ma to na celu poprawienie wydajności i skrócenie czasu odpowiedzi na zapytania. Słowo „shard" w wolnym tłumaczeniu oznacza 'odłamek, małą część czegoś większego'. Zjawisko to nie jest nową koncepcją i istnieje w tradycyjnym, scentralizowanym zarządzaniu bazami danych już od lat 90. Sharding został spopularyzowany w grach on-line, w których deweloperzy tworzyli kilka serwerów dla graczy, aby rozładować natężenie i zmniejszyć ich obciążenie, co wpływało na sprawniejsze działanie. W dużych biznesach powszechnym zabiegiem jest dzielenie baz danych klientów ze względu na lokalizacje geograficzne. Klienci w tych samych lokalizacjach są grupowani i umieszczani na unikalnych serwerach.

Implementacja shardingu w technologii blockchain

W sieci blockchain węzły reprezentują poszczególne bazy danych. Zastosowanie shardingu w takiej sieci oznaczałoby rozbicie jej na pojedyncze segmenty. Każdy fragment posiadałby swój unikalny zestaw inteligentnych umów (ang. *smart contracts*) oraz sald. Podzielenie dużych bloków na mniejsze segmenty znacznie wpłynęłoby na zwiększenie przepustowości sieci, a tym samym drastyczny wzrost skalowalności oraz przyspieszenie transakcji. Wiązałoby się to również ze zmniejszeniem opłat za korzystanie z niej.

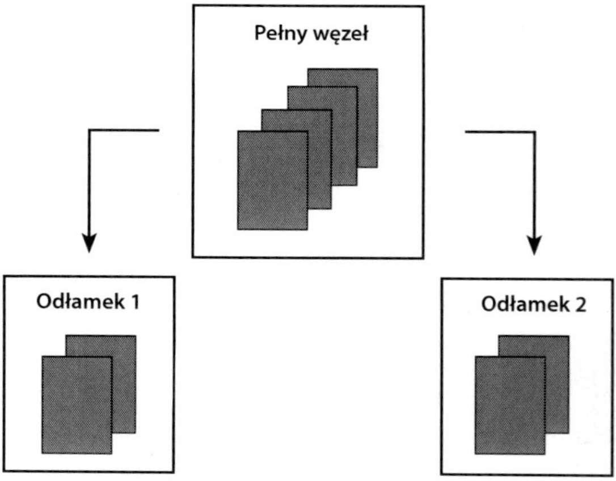

Rys. 17. Sharding

Sharding w sieci ethereum

W sieci ethereum każdy pełny węzeł przechowuje cały stan łańcucha bloków, w tym salda kont oraz historię transakcji. Jednak podczas wykładniczych wzrostów rozmiaru sieci jej skalowalność zwiększa się liniowo, a ograniczenie to spowodowane jest koniecznością komunikacji między węzłami. Węzły nie mają specjalnych uprawnień, a każdy z nich przetwarza i weryfikuje poprawność każdej transakcji. Skutkuje to zauważalnymi wzrostami kosztów transakcji i wydłużonym czasem oczekiwania, gdy sieć jest mocno obciążona. W tej chwili ethereum pracuje na zasadzie sekwencyjnej realizacji i przetwarza około dziesięciu transakcji na sekundę. Dla porównania visa przetwarza ich 24 tys. na sekundę. Zwiększenie ilości komputerów w sieci niekoniecznie poprawi jej wydajność, ponieważ łańcuchy bloków przechowywane są na każdym z komputerów, a łańcuch weryfikacji się wydłuży. Sharding pomaga załagodzić te problemy, zapewniając kompleksowe rozwiązanie. Polega ono na pogrupowaniu podzbiorów każdego węzła na odłamki, które przetwarzałyby tylko transakcje specyficzne dla tego fragmentu. Pozwala to systemowi na przetwarzanie wielu transakcji równolegle, co zwiększa przepustowość sieci.

Koncepcja fragmentacji sieci na mniejsze, bardziej wydajne elementy pozwala im funkcjonować niezależnie od innych odłamków. Nie są one uzależnione od prędkości działania każdego pojedynczego węzła. Sharding w ethereum jest wdrażany dwuetapowo. W pierwszej fazie ustalany jest konsensus co do tego, jakie dane będą znajdowały się w poszczególnych odłamkach. Na drugim etapie, gdy każdemu fragmentowi będzie przypisana określona grupa transakcji, tworzona jest warstwa, która zapewni kompatybilne działanie wszystkich shardów. Trudnością w implementacji tego mechanizmu jest to, że jeśli dzielimy węzły na mniejsze podzbiory, muszą one być w stanie przetwarzać określone zestawy transakcji, aktualizując na bieżąco stan całej sieci oraz zapewniając poprawne jej działanie.

Architektura plazmy

Plazma to seria inteligentnych kontraktów (ang. *smart contracts*), która działa na szczycie głównego łańcucha bloków. Kontrakty sieci głównej przetwarzają tylko niewielką ilość żądań z podrzędnych łańcuchów blokowych, które w rzeczywistości wykonują bardzo dużo obliczeń. Żądania okresowo są przekazywane do łańcucha głównego w celu ich realizacji. Jest to swego rodzaju sieć błyskawiczna (ang. *lightning network*). Różnica jest taka, że w sieci tworzone są inteligentne kontrakty, które w podrzędnej warstwie obsługują większość żądań i odciążają sieć, a do łańcucha głównego trafia tylko „wynik" tych działań. Sieci blockchain, które chcą być rozważane jako potencjalna alternatywa dla tradycyjnych systemów finansowych i deweloperskich, muszą być w stanie się skalować, aby obsłużyć jak największą liczbę użytkowników bez konieczności oczekiwania na realizację żądań godzinami czy dniami.

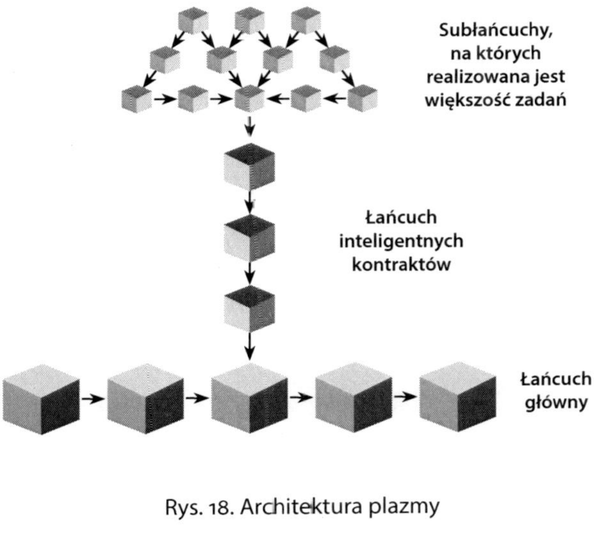

Rys. 18. Architektura plazmy

Łańcuchy boczne

Jest to mechanizm pozwalający bezpiecznie wykorzystywać kryptowalutę należącą do wiodącego łańcucha bloków na oddzielnym łańcuchu, który jest połączony i kompatybilny z głównym. Umożliwia to przenoszenie wartości między nimi i zmniejsza obciążenie głównej sieci – co zwiększa jej skalowalność. Dwukierunkowość tego mechanizmu pozwala na wymianę zasobów z określoną prędkością między łańcuchem macierzystym i bocznym. W pierwszej kolejności użytkownik musi wysłać swoje monety na określony adres wyjściowy, gdzie zostaną zablokowane, co pozwoli uniknąć ich kilkukrotnego wydania. Po zakończeniu tej transakcji dokonywana jest weryfikacja jej poprawności przez węzły i uwolniona zostaje równoważna ilość monet w łańcuchu bocznym dla danego użytkownika. Analogicznie sytuacja wygląda, jeśli transakcja przebiega w drugą stronę.

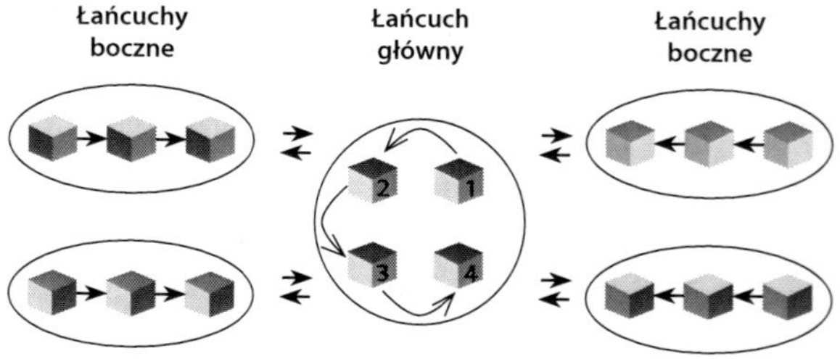

Rys. 19. Łańcuchy boczne

KRYPTOEKONOMIA I BEZPIECZEŃSTWO

Portfele kryptowalutowe

Czytając na temat portfeli kryptowalutowych, spotkamy się z informacją, że najbezpieczniejsze są portfele sprzętowe. Ich główną i niepodważalną zaletą jest fakt, że nie są połączone z internetem. Nie ma więc możliwości bezpośredniego zhakowania ich.

Warto jednak odpowiedzieć na pytanie, na jakie niebezpieczeństwa narażona jest osoba, która posiada taki portfel.

Bazując na doświadczeniu oraz informacjach z mediów kryptograficznych, możemy stwierdzić, że największe potencjalne zagrożenia to:

1. Utrata urządzenia i jego kopii zapasowych oraz klucza mnemonicznego – najczęstsza przyczyna utraty środków przez użytkowników. Klucz mnemoniczny składa się z 12 lub 24 słów, które tworzą indywidualne hasło dla każdego użytkownika wykorzystywane w razie utraty klucza prywatnego.

2. Szkodliwe oprogramowanie na komputerze, które aktywuje się w chwili, gdy podepniemy nasze urządzenie do sieci.
3. Włamanie lub fizyczny atak, którego celem jest kradzież portfela sprzętowego.
4. Phishing – metoda oszustwa, w której przestępca podszywa się pod inną osobę lub instytucję w celu wyłudzenia określonych informacji (np. danych logowania, kluczy prywatnych itp.).

Portfele hardware'owe to specjalne urządzenia przeznaczone do przechowywania i ochrony walut cyfrowych, które się na nich znajdują. Celem tego wyspecjalizowanego sprzętu jest ochrona kluczy prywatnych oraz odizolowanie ich w możliwie największym stopniu od niezabezpieczonych połączeń sieciowych. Klucze prywatne przechowywane są w obszarze mikrokontrolera sprzętowego, przez co nie mogą one zostać wyodrębnione w postaci tekstu z urządzenia, nawet jeśli sprzęt został zainfekowany wirusem. Jak zapewnia wiele źródeł, kradzież środków z prywatnych portfeli (również tych online'owych) w wyniku ataków hakerskich należy do najrzadziej spotykanych powodów utraty funduszy. Strata wynikająca z błędu użytkownika lub różnorodne próby bezpośrednich wyłudzeń są spotykane o wiele częściej. Mimo to zagrożenie ze strony złośliwego oprogramowania jest jak najbardziej rzeczywiste i będzie obecne zawsze oraz w przypadku każdego rodzaju software'u. Specjalistyczny sprzęt, który jest zaprogramowany, aby je zwalczać, zawsze będzie bezpieczniejszy niż komputer podłączony do internetu. Jeśli chodzi o ataki phishingowe, to zarówno użytkownicy portfeli sprzętowych, jak i tych podłączonych do sieci są narażeni w takim samym stopniu. Podanie obcej osobie naszych kluczy prywatnych lub hasła mnemonicznego zawsze wiąże się z ryzykiem utraty posiadanych kryptowalut.

Próby wyłudzenia haseł bywają coraz bardziej pomysłowe i wyrafinowane. Należy na nie szczególnie uważać i nigdy nie podawać obcym osobom naszych kluczy prywatnych ani bezcelowo wysyłać środków.

Portfele sprzętowe najlepiej nabywać bezpośrednio od producenta, aby mieć pewność, że nikt z nich wcześniej nie korzystał. Do wiodących firm produkujących portfele należą m.in. Ledger i Trezor.

Zagadnienie różnych typów portfeli możemy podzielić jeszcze bardziej. Tych, które mają połączenie z internetem, jest kilka typów, a każdy ma inny profil zagrożenia. Mogą być one zainstalowane na telefonie, tablecie czy laptopie.

Korzystanie z laptopa często wymaga pobrania i wykorzystania wielu aplikacji z internetu. W natłoku programów, które możemy znaleźć w sieci, istnieje całkiem spore prawdopodobieństwo, że któraś z aplikacji będzie zainfekowana wirusem. Programy, które instalujemy, często mają dostęp do całego naszego komputera, w tym dysków, ekranu oraz klawiatury czy myszki. Nie wszyscy użytkownicy odpowiednio dbają o swoje bezpieczeństwo. Unikają oni korzystania z dobrych programów antywirusowych, a te darmowe często mają wątpliwe działanie. Są to czynniki, które narażają użytkowników na działanie złośliwego oprogramowania, co może prowadzić do utraty środków z portfela kryptowalutowego.

W przypadku urządzeń mobilnych użytkownicy pobierają oprogramowanie z odpowiedniego sklepu z aplikacjami, który jest kontrolowany przez twórców. Programy, które tam trafiają, są weryfikowane przez specjalistów z Apple lub Google, którzy mają okazję usunąć wszystkie złośliwe aplikacje. Może zdarzyć się sytuacja, że coś umknie ich uwadze, ponieważ nie przyglądają się osobno każdej linijce kodu. Jednak ryzyko pobrania złośliwego oprogramowania jest o wiele mniejsze niż w przypadku tradycyjnej sieci. Jeśli pojawi się niepożądane oprogramowanie, które zostanie dodane do sklepów, to fakt ten jest zgłaszany przez użytkowników i z czasem zostaje ono usunięte. Urządzenia te są także regularnie skanowane, a telefony często mają wbudowane zabezpieczenia, które pozwalają odizolować złośliwe oprogramowanie od całej reszty danych, które znajdują się w telefonie.

Portfele przeglądarkowe

Kolejny rodzaj portfeli stanowią tzw. web-wallety, obsługiwane (dostępne) w przeglądarkach internetowych. Są one tworzone głównie przez wyspecjalizowane firmy, które gwarantują bezpieczeństwo przechowywanych środków, lub przez twórców danego projektu kryptowalutowego. W większości z nich możemy przechowywać nawet kilkanaście rodzajów walut cyfrowych, co jest wygodne dla osób, które posiadają szerokie portfolio. Nie muszą one zapamiętywać i zapisywać kilku różnych haseł czy kluczy prywatnych, a wszystkie środki znajdują się w jednym miejscu. Z drugiej strony niektórzy mogą uznać to za wadę, bo w razie ataku hakerskiego lub utraty kluczy prywatnych jesteśmy narażeni na utratę wszystkich środków jednocześnie. Kolejnym minusem jest podobna podatność na ataki hakerskie jak w przypadku standardowych portfeli, które pobieramy na laptopa.

Wiele osób jednak korzysta z portfeli w swoim laptopie czy przeglądarce z bardzo dużym powodzeniem i bez najmniejszych problemów. Gdyby trzeba było uszeregować omówione portfele w hierarchii bezpieczeństwa, na pierwszym miejscu znalazłyby się portfele sprzętowe, następnie te mobilne, a trzecie miejsce należałoby do portfeli przeglądarkowych i tych, które posiadamy w laptopie. Warto dodać, że zarówno portfele mobilne, jak i te komputerowe najlepiej ściągać bezpośrednio od twórców danej kryptowaluty. Jeśli waluta cyfrowa nie posiada własnego portfela, dopiero wtedy warto rozważyć inne opcje.

Giełdy kryptowalutowe

Scentralizowana giełda to podstawowy model platformy, która obsługuje wymianę kryptowalut na pieniądze fiducjarne lub inne waluty cyfrowe. Firma, która obsługuje platformę, jest nastawiona na zysk z prowizji, które pobiera od użytkowników giełdy za wykonywanie transakcji. Jest to najbardziej rozpowszechniony typ giełdy, cieszący się bardzo dużą popularnością wśród entuzjastów kryptowalut. Z drugiej strony jednak firmy obsługujące platformę kontrolują wymianę środków, a waluty cyfrowe, które przechowujesz na takiej giełdzie, mogą w każdej chwili zostać zablokowane przez platformę lub skradzione podczas ataku hakerskiego. Już nie raz w mediach mieliśmy okazję słyszeć o takich wydarzeniach i co jakiś czas regularnie się one powtarzają na różnych giełdach. Aktualnie prawie każda duża giełda wymaga weryfikacji, co jest równoznaczne z brakiem anonimowości. Wiąże się to również z ryzykiem kradzieży tożsamości, ponieważ użytkownicy muszą dostarczyć giełdzie bardzo szeroką gamę informacji o sobie. Giełdy starają się bezpiecznie przechowywać je w bazach danych i nie udostępniają ich osobom trzecim, ale one również mogą zostać wykradzione.

W przypadku platform, jakimi są zdecentralizowane giełdy, istotne jest, że transakcje nie są kontrolowane przez jeden podmiot. Podobnie jak większość kryptowalut, działają one na zasadzie rozproszonego systemu. Oznacza to, że nie przechowują bezpośrednio żadnych środków ani informacji na temat klientów. Giełda służy jedynie jako warstwa rotująca dla zamówień składanych przez użytkowników. Główną zaletą zdecentralizowanych giełd jest to, że nie musimy nikomu nawet przejściowo powierzać naszych środków. Zamiast tego prowadzimy handel bezpośrednio z drugą stroną, używając łańcucha bloków do sfinalizowania operacji. Eliminuje to ryzyko związane z powierzeniem naszych środków trzeciej stronie (która jest obarczona ryzykiem utraty ich), aby przeprowadziła transakcję. Giełdy te nie mają centralnego punktu, który można by zaatakować w celu przejęcia środków użytkowników. Na zdecentralizowanych platformach każdy użytkownik ma pełną kontrolę nad swoimi kryptowalutami.

Dla porównania – w przypadku korzystania z kantoru kryptowalut – transakcja dokonuje się bezpośrednio między kantorem wymiany a użytkownikiem. Nabyte waluty cyfrowe trafiają od razu na podany przez klienta adres. Są one więc pod pełną kontrolą kupca i przestają być własnością kantoru, ponieważ nie jest on odpowiedzialny za przechowywanie zakupionych przez użytkownika środków.

W przeszłości bardzo wiele giełd padało ofiarami hakerów lub ich właściciele bankrutowali, zamykali je i znikali ze środkami inwestorów. Tylko w pierwszym kwartale 2019 roku z giełd skradziono ponad 350 mln dolarów oraz doszło do wycieku wielu informacji.

Największą giełdą w historii kryptowalut, która upadła, była Mt. Gox – jedna z pierwszych giełd, jakie kiedykolwiek powstały, należała też do wiodących. W latach 2010–2014 odpowiadała w szczytowym punkcie za 60–70 proc. całkowitego wolumenu kryptowalutowego na świecie. Przed upadkiem w 2014 roku giełda była kilkakrotnie okradana na mniejsze sumy i traciła bezpowrotnie po kilka tysięcy bitcoinów. Wtedy jeszcze nie były to ogromne kwoty, ponieważ kurs bitcoina był o wiele niższy niż aktualnie. Zanim doszło do całkowitego upadku, użytkownicy bardzo skarżyli się na błędy techniczne i wycofywali swoje środki z giełdy. Na kilka tygodni przed upadkiem zostały wstrzymane depozyty i możliwość wypłaty środków z giełdy pod pretekstem podejrzanej aktywności na portfelach kryptowalutowych. Informacja ta spowodowała spadek ceny bitcoina o 20 proc., a giełda odkryła stratę na ponad 850 tys. monet bitcoina. Po uświadomieniu sobie tego ogłoszono upadłość, a platforma została zamknięta. Większość użytkowników, którzy trzymali swoje kryptowaluty na giełdzie, już nigdy ich nie odzyskała. Dlatego właśnie tak ważne jest, aby nie przechowywać tam swoich środków.

Formy finansowania projektów kryptowalutowych

Dla kogoś, kto jest nowy w świecie technologii blockchain i kryptowalut, wiele akronimów wykorzystywanych w branży może być mylących. Sam fakt, że technologia ta ciągle jest ulepszana, ponieważ znajduje się na dość wczesnym etapie rozwoju, oznacza, że pojawi się jeszcze wiele nowych terminów i zagadnień z nią związanych.

Aby dobrze zrozumieć zagadnienia finansowania projektów, w pierwszej kolejności należy odpowiedzieć na pytanie, czym jest pierwsza oferta publiczna na tradycyjnej giełdzie papierów wartościowych (IPO) i jakie wykazuje podobieństwa do tych ze świata walut cyfrowych (ICO).

ICO to akronim pochodzący od frazy *Initial Coin Offering*, co stanowi odpowiednik IPO, czyli *Initial Public Offering* na giełdzie tradycyjnej. Wprowadzenie swojej kryptowaluty do obrotu giełdowego ma na celu pozyskanie środków, które umożliwią dalszy rozwój projektu i realizację określonych celów. Inwestorzy tych projektów liczą natomiast, że z czasem, gdy odpowiednio się on rozwinie, jego wartość wzrośnie i środki, które zainwestowali, zwrócą im się z odpowiednią stopą procentową. Cechą, która odróżnia ICO od IPO, jest fakt, że ICO nie musi przechodzić procesu postępowania prawnego przed instytucjami nadzorującymi dopuszczenie do obrotu giełdowego. Ponadto biorąc udział w IPO, nabywamy w jakiejś części akcje tej firmy, posiadamy realny produkt, który ma określoną wartość. Podczas ICO właściciel projektu nie musi rezygnować z żadnych udziałów firmy na rzecz swoich inwestorów. Sprzedaje on natomiast kryptowalutę, która nie ma wartości ustalonej przez jakiekolwiek aktywa materialne, a jej cena jest kreowana początkowo przez spekulacje i może wzrastać lub spadać w trakcie dalszego rozwoju projektu. Twórcy niektórych projektów nie zawsze mają dobre intencje, czasami po przeprowadzeniu zbiórki funduszy na rozwój projektu zaprzestają jakichkolwiek działań lub są one znikome. Kryptowaluta, którą zakupiliśmy, zaczyna więc tracić na wartości, co skutkuje utratą zainwestowanych środków. Ze względu na brak jasnych regulacji wyciągnięcie konsekwencji prawnych w stosunku do twórcy projektu jest utrudnione. Inwestowanie w kryptowaluty na tak wczesnym etapie ich rozwoju jak pierwsza sprzedaż publiczna (ICO) jest więc obarczone wielkim ryzykiem i może przynieść ogromne zyski lub doprowadzić do całkowitej utraty zainwestowanych środków.

STO to akronim pochodzący od angielskiej frazy *Security Token Offering*. Podobnie jak ICO, jest to pierwsza giełdowa oferta publiczna, z taką różnicą, że jest ona zabezpieczona certyfikatami lub instrumentami finansowymi, które posiadają określoną wartość i nie wynika ona ze spekulacji. Warto po raz kolejny przypomnieć, jak proces ten wygląda na tradycyjnej giełdzie podczas IPO.

Instrumentami finansowymi są tam papiery wartościowe, które dzieli się na dwie podkategorie: akcje i debetowe papiery wartościowe, których zakupienie jest równoznaczne z częściowym nabyciem udziałów w firmie. Przedsiębiorstwa stosują te metody, aby pozyskiwać kapitał od inwestorów i finansować inne części działalności, takie jak plany dalszej ekspansji. W zamian za inwestycję finansiści mogą odzyskać swoje pieniądze i zarabiać na takich środkach jak dywidendy, stopy procentowe lub udział w zyskach spółki.

W przypadku inwestycji w kryptograficzne tokeny bezpieczeństwa (ang. *security tokens*), emitowane podczas STO, otrzymujemy więcej niż tylko kryptowalutę, której początkowa wartość jest efektem spekulacji. Posiadanie jej upoważnia do otrzymywania przez nabywcę okresowych dywidend lub części zysków wygenerowanych przez firmę. Wartość kryptograficznych tokenów bezpieczeństwa bazuje zazwyczaj, oprócz spekulacji, na przywilejach związanych z funkcjonowaniem firmy, w posiadanie których wchodzimy, nabywając kryptowalutę. Podobieństwo do papierów wartościowych wykazują również na płaszczyźnie związanej z bezpieczeństwem inwestycji, ponieważ podlegają regulacjom i określonym przepisom, których naruszenie może skutkować konsekwencjami prawnymi dla emitenta. Powszechnie uważa się, że STO w przyszłości zastąpią całkowicie ICO ze względu na to, że oferują większe bezpieczeństwo swoim inwestorom. Pomaga to zapobiec oszustwom i umożliwia częściowe odzyskanie utraconych środków w razie bankructwa firmy. Jako ciekawostkę warto przytoczyć fakt, że bitcoin jest jedną z nielicznych kryptowalut, która nie posiadała żadnego rodzaju pierwszej oferty publicznej.

IEO to akronim pochodzący od frazy *Initial Exchange Offering* i jest to forma pierwszej oferty publicznej dla kryptowalut, która jest organizowana za pośrednictwem giełdy. Ze względu na fakt, że sprzedaż jest prowadzona za pośrednictwem giełdy kryptowalutowej, emitenci danej waluty cyfrowej muszą uiścić opłatę za aukcję. Zaletą tego jest fakt, że kryptowaluta, która przeszła proces IEO, jest od razu notowana na giełdzie. W przypadku ICO tylko 7 proc. projektów osiągało notowanie na jakiejkolwiek giełdzie. Jako że giełda wchodzi również w posiadanie pewnego procenta sprzedawanych monet, w jej interesie jest pomaganie emitentowi danej kryptowaluty w operacjach marketingowych. Projekty, które decydują się na pośrednictwo giełdy, można również uznać za bardziej godne zaufania niż te organizujące sprzedaż publiczną na własną rękę. Duże giełdy kryptowalutowe dbają o swoją reputację i starają się weryfikować dany projekt przed rozpoczęciem emisji. Obejmuje to sprawdzenie dokumentacji, członków zespołu, który będzie nad nim pracował, oraz upewnienie się, że cele projektu są osiągalne i możliwe do zrealizowania. W razie gdyby się on nie powiódł lub okazał oszustwem, giełda mogłaby stracić zaufanie swoich użytkowników i ponieść duże straty finansowe. Giełdy mogą również w każdej chwili zrezygnować z przeprowadzenia oferty publicznej, jeśli zauważą coś podejrzanego, co mogłoby narazić inwestorów na potencjalne straty związane z uchybieniami ze strony emitenta.

Mimo to istnieje spore ryzyko inwestycyjne na tak wczesnym etapie rozwoju, ponieważ projekt może po prostu zawieść. Nie dlatego, że jest oszustwem. Czasami niepowodzenie nie wynika z niczyjej winy. Mogą zaistnieć nieprzewidziane okoliczności związane np. z kosztami ogólnymi projektu, zmianami na rynku kryptowalut lub nowymi przepisami prawnymi, które przyczynią się do niemożności ukończenia prac nad projektem. Mimo dużego ryzyka aktualnie IEO wydaje się najbezpieczniejszym sposobem inwestycji w projekty kryptowalutowe na etapie pierwszej sprzedaży publicznej.

Dźwignia finansowa

Jest to mechanizm, który pozwala nam na wydawanie środków, których tak naprawdę nie posiadamy. Jeśli otwieramy pozycję, wykorzystując dźwignię x2, to giełda „pożycza" nam fundusze w wysokości dwukrotnie większej niż te, które aktualnie posiadamy. Mówiąc prościej, jest to swojego rodzaju debet na naszym koncie giełdowym.

Na przykład jeśli założymy pozycję na poziomie tysiąca dolarów amerykańskich, pozwoli nam to niejako na nabycie kryptowalut o wartości 2 tys. dolarów, z których możemy wypracować dwukrotnie większy zysk. Jeśli nam się uda, to wszystkie pieniądze, które zarobimy, trafią na nasze konto, a „pożyczka" po zamknięciu pozycji wróci do giełdy.

Mechanizm ten działa w dwie strony. Jeśli otworzymy pozycję, która zaczyna tracić na wartości, powoduje to, że tracimy nasze środki dwukrotnie szybciej, niż nastąpiłoby to bez zastosowania dźwigni finansowej.

Na przykład jeśli kupiliśmy kryptowalutę za 2 tys. dolarów amerykańskich i straci ona 50 proc. swojej wartości, to pozycja ulega likwidacji, ponieważ giełda nie może pozwolić na utratę pożyczonych nam środków i odbiera swój tysiąc dolarów, który pozostał. Gdy nowo utworzona pozycja zaczyna się kurczyć, najpierw tracimy środki z części zainwestowanej przez nas, a gdy one się wyczerpią, giełda odbiera nam te, które zostały pożyczone, aby uniknąć potencjalnych strat.

W praktyce zastosowanie dźwigni x2 oznacza dwukrotnie większe zyski, jeśli uda nam się zarobić, lub minimalizuje margines strat o połowę. Analogicznie sytuacja prezentuje się w przypadku większych lewarów.

Przy pomocy dźwigni możemy otwierać dwa rodzaje pozycji:

- Pozycja długa (ang. *long*) – jest to rodzaj transakcji, w której kupujemy dany składnik aktywów i zarabiamy na tym, że jego cena wzrasta.

- Pozycję krótką (ang. *short*) zajmujemy poprzez tymczasowe „pożyczenie" danego składnika aktywów, a następnie sprzedaż z zamiarem odkupienia, gdy tylko jego cena spadnie. Jeśli to się wydarzy, to różnica między ceną w chwili sprzedaży i późniejszego odkupienia stanowi nasz zysk. Przy pomocy tego mechanizmu również może dojść do nadużyć i manipulacji giełdowych. Inwestorzy posiadający znaczny kapitał wykorzystują go, aby krótkoterminowo skierować kurs w określoną stronę. Wcześniej otwierają pozycję z odpowiednią dźwignią finansową, co może im wygenerować ogromne zyski. Zawsze jednak jest ryzyko, że na każdą grubą rybę znajdzie się jeszcze grubsza, przez co korzystanie z dźwigni jest bardzo ryzykowne i sprowadza się do czystej spekulacji.

Pochodne instrumenty finansowe

Wyobraź sobie, że prowadzisz dużą firmę transportową i chcesz się zabezpieczyć przed rosnącymi cenami paliwa poprzez zawarcie kontraktu terminowego. Umawiasz się z dostawcą, że będziesz kupował od niego przez najbliższe trzy miesiące paliwo po 6 zł za litr. Jeśli w tym okresie cena wzrośnie np. do 10 zł, to uda ci się uniknąć podwyżki o 66 proc. i zaoszczędzisz pieniądze, które musiałbyś wydać ze względu na wzrastającą cenę surowca. Jeśli jednak cena spadnie do 3 zł, to okaże się, że przez okres kontraktu przepłacałeś dwukrotnie i straciłeś na tym część środków. Dostawcy często zgadzają się na kontrakty po bieżących cenach, ponieważ nawet jeśli cena trochę wzrośnie, to mają zapewniony stały rynek zbytu.

Kontrakty terminowe *futures*

Są one umową kupna/sprzedaży między co najmniej dwiema stronami, które umawiają się na konkretny termin sfinalizowania transakcji w przyszłości, po określonej cenie. Po zawarciu kontraktu obydwie strony muszą kupować i sprzedawać dany składnik aktywów po określonej cenie, niezależnie od rzeczywistej wartości rynkowej. Celem tej umowy nie musi być chęć maksymalizacji zysku. Może służyć jako narzędzie do zarządzania ryzykiem, które bardzo często wykorzystuje się na tradycyjnych rynkach finansowych w celu zabezpieczenia się przed ryzykiem zmiany cen aktywów. Ich wartość jest negocjowana na specjalnych giełdach, które pośredniczą w finalizowaniu tego typu transakcji.

W przypadku kontraktów terminowych na bitcoinie umowa oparta jest bezpośrednio na jego cenie. Jedna z osób będzie przewidywała spadek w stosunku do aktualnej ceny (pozycja krótka), a druga wzrosty (pozycja długa). Powoduje to, że rynek jest jeszcze bardziej podatny na spekulację i co się z tym wiąże, potencjalne manipulacje. Kontrakty te pozwalają również manipulować ceną bitcoina bez konieczności posiadania go. Fakt, że nie trzeba mieć bitcoina, aby utworzyć kontrakt terminowy, poszerza również grono osób, które mogłyby być nim zainteresowane, a nie znają się na aspektach technicznych tego zagadnienia oraz sposobach bezpiecznego przechowywania kryptowalut. Rozwiązanie to ma dwie ważne zalety:

- Podczas gdy kryptowaluty, w tym również sam bitcoin, nie podlegają żadnym szczególnym regulacjom, to giełdy z kontraktami terminowymi już tak. Pozwala to na przystąpienie do rynku osób, które obawiały się braku ochrony prawnej, oraz inwestorów instytucjonalnych.

- W obszarach, gdzie rządy „zakazują" korzystania z bitcoina, nadal możliwe jest wykorzystywanie kontraktów terminowych, co pozwala inwestorom na spekulacje.

Kontrakty terminowe *forwards*

Są one przedmiotem obrotu na nieregulowanych giełdach (ang. *over-the-counter*, OTC) więc oprócz ryzyka, jakie wynika już z samego kontraktu, istnieje też tzw. ryzyko kontrahenta i nie możemy mieć stuprocentowej pewności, że druga strona wywiąże się ze swoich zobowiązań. Strony mogą ustalić między sobą ilość bazowego instrumentu, który zostanie zawarty w kontrakcie po określonej cenie i powinien być zrealizowany w określonym terminie zapadalności. Przedmiotem transakcji niekoniecznie muszą być pieniądze, kontrakt może opierać się na wymianie barterowej, chociaż jest to mało spopularyzowana forma. W razie niewywiązania się drugiej strony z umowy możemy zawsze dochodzić swoich racji na drodze prawnej.

Swapy kredytowe

Są to pochodne instrumenty, które pozwalają na przeniesienie za określoną cenę ryzyka kredytowego na inny podmiot. Pozwalają również na modyfikację oprocentowana pożyczki, np. ze stałego na zmienne. Transakcje te często zawierali inwestorzy, którzy chcieli zabezpieczyć się przed upadkiem emitenta, od którego kupili np. akcje lub obligacje. Źle zarządzane swapy były katalizatorem kryzysu finansowego w USA w latach 2007–2009. Niewielkim grupom inwestorów udało się zarobić dzięki nim wiele milionów dolarów, podczas gdy inni tracili całe majątki. Kryzys ten był spowodowany bańką na rynku nieruchomości, gdy banki udzielały kredytów na mieszkanie każdemu (tzw. kredyty subprime) bez względu na to, czy wykazywał jakiekolwiek dochody. Następnie były one przenoszone na dwie spółki utworzone przez amerykański bank centralny (Fannie Mae i Freddie Mac), które w szczytowym momencie posiadały ponad 50 proc. wszystkich kredytów hipotecznych w kraju. Proces ten był tak nasilony, że nawet niektóre prostytutki miały po 2–3 mieszkania pod wynajem. Problem ten został przedstawiony w filmie pt.: *Big short*, którego fabuła nawiązuje do tego właśnie wydarzenia.

Manipulacje kursem kryptowalut

Jedną z wielu cech walut cyfrowych jest ich zdolność do gwałtownych ruchów kursowych, co możemy zaobserwować na wykresach cenowych. Zmiany te mają bardzo niestabilny charakter. Wzrost ceny na poziomie 10 proc. lub spadek o 15 proc. w ciągu jednego dnia nie jest niczym niezwykłym. Warto więc zastanowić się nad tym, jakich narzędzi używają wpływowi inwestorzy, aby manipulować cenami na rynku kryptowalut. Faktem jest, że rynek ten jest wciąż bardzo mały w porównaniu do giełdy metali szlachetnych czy np. rynku akcji, przez co łatwiej nim manipulować. Ponadto z wielu ogólnodostępnych raportów na bieżąco płyną informacje, że na nieuregulowanych giełdach nawet 90 proc. wolumenu może być fałszowane, aby wyżej pozycjonowały się na stronach, które indeksują je ze względu na ten wskaźnik. Ze względu na brak regulacji giełdy te nie ponoszą żadnej odpowiedzialności, a jedyne, co można zrobić, to zachować szczególną ostrożność i starać się trzymać swoje środki jak najdalej od nich. Proces ten nazywany jest wash tradingiem i polega na tym, że jeden podmiot jednocześnie kupuje i sprzedaje ten sam składnik aktywów. Użytkownicy giełd kryptowalutowych za każdą transakcję są zazwyczaj obciążani prowizją w wysokości małego odsetka jej wartości. Osoby, które płacą standardowe prowizje, nie mogą kupować i sprzedawać danej kryptowaluty samym sobie, ponieważ ich środki po kilkudziesięciu takich transakcjach znacznie by się skurczyły. Jednak platformy giełdowe, które oferują możliwość takich wymian, nie są zobowiązane do płacenia prowizji. Są w stanie również zwolnić z opłat niektórych użytkowników indywidualnych. Jeśli nie jesteśmy zobowiązani do uiszczenia opłat za operacje kupna/sprzedaży, możemy wykonywać je praktycznie w nieskończoność. Po każdej takiej transakcji wolumen giełdy (sumaryczna kwota transakcji) będzie znacznie wyższy, niż byłby normalnie. Wiele rankingów giełdowych pozycjonuje je ze względu na ten parametr, przez co jest on sztucznie zawyżany. W przypadku małych giełd może istnieć również nielegalna współpraca platformy z niektórymi projektami kryptowalutowymi. Jeśli jakiś projekt chce przekazać giełdzie środki, ale z pewnych powodów nie może zrobić tego bezpośrednio, może wykorzystać wash trading. Giełda zyskuje je wtedy w postaci prowizji za sztuczne transakcje, a dodatkowo może wykazać wyższy wolumen, niż ma w rzeczywistości.

Kryptowaluta, która jest przedmiotem obrotu, również zyskuje na tym swój wolumen i wypełnia swoje ukryte zobowiązania wobec platformy giełdowej.

Innym ze sposobów manipulacji jest stawianie ogromnych zleceń kupna lub sprzedaży w *orderbooku* giełdy. Mniej doświadczeni inwestorzy, widząc, że ktoś chce skupić bardzo duże ilości danej kryptowaluty, wystawiają zlecenie po wyższej cenie, aby zostało ono zrealizowane wcześniej. Jeśli znajdą się osoby, które zrealizują swoje zlecenia drożej, aby szybciej nabyć daną kryptowalutę, to manipulanci mogą wygenerować większy zysk, pozbywając się części swoich walut cyfrowych po zawyżonym kursie. Analogicznie działa to w przypadku sprzedaży. Jednocześnie mechanizm ten zachęca innych do kupna po wyższej cenie, ponieważ myślą oni, że skoro ktoś chce nabyć daną kryptowalutę w tak ogromnej ilości, to coś musi być na rzeczy – może jakieś tajne informacje rekina giełdowego na temat przyszłych wydarzeń związanych z danym projektem? Mechanizm ten wykorzystują również różnego rodzaju programy do tradingu. Są to tak zwane boty, które po odpowiedniej konfiguracji same mogą tworzyć zlecenia kupna/sprzedaży na giełdach i prowadzić handel. Nie zalecamy jednak korzystania z takiego oprogramowania. Wiąże się to ze sporym ryzykiem i z dużym prawdopodobieństwem może zakończyć się utratą zainwestowanych środków.

Kolejnym sposobem, mimo że nie jest to bezpośrednia metoda manipulacji, jest badanie sentymentu rynkowego. Polega on na ocenie nastrojów, jakie panują wśród inwestorów i w mediach społecznościowych głównego nurtu. Jeśli inwestorzy obserwują, że kolejny miesiąc z rzędu kurs posiadanej przez nich kryptowaluty spada, to nawet najwięksi entuzjaści z branży zadają sobie pytanie, czy aby na pewno nie popełnili błędu, kupując ją. W mediach pojawiają się informacje o drastycznych spadkach cen, a nawet bankructwie niektórych projektów. Odstrasza to mniej doświadczonych inwestorów, a panujący sentyment nie sprzyja wzrostom. Bardziej zaznajomieni z branżą mogą to wykorzystać jako okazję do kupna jak największej ilości kryptowaluty. Analogicznie działa to w drugą stronę. Jeśli większość osób jest pełna optymizmu ze względu na wzrost cen, to zachęcają oni też inne osoby do inwestowania w różnorodne projekty. W mediach coraz częściej pojawiają się informacje o kolejnych rekordach, jakie ustanowiła dana kryptowaluta. Zwiększa to jeszcze bardziej zainteresowanie branżą i napędza dalsze wzrosty, przez co ostatecznie może powstać minibańka spekulacyjna, podczas której nawet w taksówce będzie można o niej usłyszeć.

Rentowność kopania kryptowalut

Czy wydobycie kryptowalut w czasach, gdy rynek jest zdominowany przez wielkie, głównie chińskie, kopalnie, może być cały czas opłacalne dla indywidualnych inwestorów? Gdybyśmy krótko chcieli odpowiedzieć na to pytanie – to odpowiedź brzmi: „nie". Aby to wyjaśnić, posłużymy się przykładem bitcoina. Pierwszym powodem, determinującym małą opłacalność górnictwa kryptowalut, jest duża konkurencja na rynku.

Ilość monet bitcoina, jaka może zostać wydobyta z każdym blokiem, zawsze pozostaje na stałym poziomie. Im więcej osób zdecyduje się je wydobywać, tym bardziej wzrośnie trudność kopania. Jest to bardzo prosta zależność – jeśli mamy określoną ilość danego składnika aktywów, a zwiększa się ilość chętnych na pozyskanie go, to muszą oni wykorzystać większą moc obliczeniową, aby utrzymać wydobycie go na tym samym poziomie lub mieć świadomość, że będą otrzymywać go mniej. Nawet największa kopalnia, Bitmain, podczas rynku niedźwiedzia w 2018 roku zwolniła około 50 proc. swoich pracowników i straciła sporą część siły wydobywczej.

Kolejnymi czynnikami, na które warto zwrócić uwagę, są rosnące ceny sprzętu oraz spore zużycie energii. Odkąd rozpoczął się szał związany z kopaniem kryptowalut, w pewnym momencie na rynku zaczęło brakować określonych rodzajów kart graficznych, ponieważ firmy nie nadążały z produkcją. Ze względu na rosnący popyt regularnie podnoszone były ich ceny, co jest równoznaczne z wydłużeniem czasu zwrotu takiej inwestycji. Bitcoin wykorzystuje protokół *proof-of-work*, który do swojego działania zużywa spore ilości energii, ze względu na algorytm wydobycia. Jak wiadomo, ceny prądu w Polsce oraz generalnie w całej UE są nieporównywalnie większe od tych, które mają np. Chińczycy. Od maja do września trwa tam pora deszczowa, przez co ze względu na wykorzystanie w niektórych rejonach elektrowni wodnych ceny prądu są jeszcze niższe. Przy określonych cenach bitcoina może dojść więc do sytuacji, w której wydobycie go w Polsce byłoby nieopłacalne, ale dla górników z Chin dalej miałoby ekonomiczny sens. Sporo osób decyduje się również na przeniesienie biznesu związanego z kopaniem walut cyfrowych na wschód, tak aby było to bardziej rentowne.

Ostatnim ważnym czynnikiem, który z pewnością wpływa na opłacalność górnictwa, są podatki. Jeśli kryptowaluty, które wydobywamy, sprzedajemy na bieżąco, aby uśrednić wahania kursowe, to należy pamiętać o zapłaceniu odpowiednich, związanych z tym podatków. Są one bardzo zróżnicowane w zależności od kraju, w którym prowadzimy biznes. W Polsce oprócz kosztów związanych z prowadzeniem firmy obowiązuje nas również podatek dochodowy. Jednak nie jest to regułą we wszystkich krajach. W Portugalii, jeśli oprócz wydobycia kryptowalut mamy inne zajęcie, będziemy całkowicie zwolnieni z podatku dochodowego oraz VAT-u podczas sprzedaży kryptowalut. W pierwszych interpretacjach podatkowych w Polsce uznawano, że podlega ona podatkowi od towarów i usług (VAT). Zwolnienie z VAT-u w przypadku walut cyfrowych obowiązuje na mocy orzeczenia wydanego w dniu 22 października 2015 roku przez Trybunał Sprawiedliwości UE. Stanowisko to jest wiążące dla państw Wspólnoty Europejskiej. Decyzja TSUE mogła mieć kluczowe znaczenie dla dalszych losów bitcoina w tym rejonie.

HISTORIA I PRZYSZŁOŚĆ KRYPTOWALUT

Jak wygląda przebieg schematycznej bańki spekulacyjnej?

Jak wiadomo, rynek walut cyfrowych jest podatny na spore wahania, które związane są z gwałtownymi wzrostami cen i równie szybkimi spadkami. Spowodowane jest to skrajnymi nastrojami, jakie panują na tym rynku, od całkowitej euforii po kompletny strach. Aby uzmysłowić sobie, z jakimi silnymi emocjami mamy do czynienia, wystarczy przytoczyć kilka przykładów. W 2017 roku, gdy byliśmy przed szczytem bańki kryptowalut, a rekordowa kapitalizacja całego rynku miała dojść do 830 mld dolarów (sześciokrotny wzrost w przeciągu zaledwie trzech miesięcy!), wiele osób wpadło w pułapkę bardzo popularnego efektu zwanego FOMO (ang. *fear of missing out*). Polega on na tym, że czujemy, jak omija nas coś ważnego, co już nigdy może się nie powtórzyć, a my nie bierzemy w tym udziału. Stoimy z boku i widzimy, jak aktywa, których nie mamy, są w stanie wzrosnąć od kilkunastu do kilkuset procent w ciągu tygodni czy miesięcy. Im bardziej euforyczne nastroje panują na rynku, tym więcej osób jest zainteresowanych chęcią szybkiego zysku. W mediach głównego nurtu bez przerwy pojawiają się informacje na temat pozytywnych aspektów i przyszłości tych aktywów. Nikt nie dostrzega żadnych wad, a ci, którzy mówią o nich, są ignorowani. Projekty ze względu na szybki napływ kapitału (niezależnie od ich jakości) mają więcej środków, by się reklamować, co przyciąga jeszcze większe grono osób. Nałożenie się na siebie tych wszystkich czynników powodowało, że mało doświadczeni inwestorzy, pod wpływem dużych emocji i bez żadnego planu, wkładali wszystkie swoje oszczędności lub brali kredyty tylko po to, aby „zainwestować" w waluty cyfrowe. Wywindowało to kurs praktycznie wszystkich kryptowalut do rekordowych poziomów, tak że nawet te, które wydawały się kompletnie bez przyszłości, notowały wzrosty na poziomie kilkuset procent. Jak wiadomo jednak z podstaw ekonomii, nic nie może drożeć w nieskończoność i kiedyś musiał nadejść moment „pęknięcia" bańki.

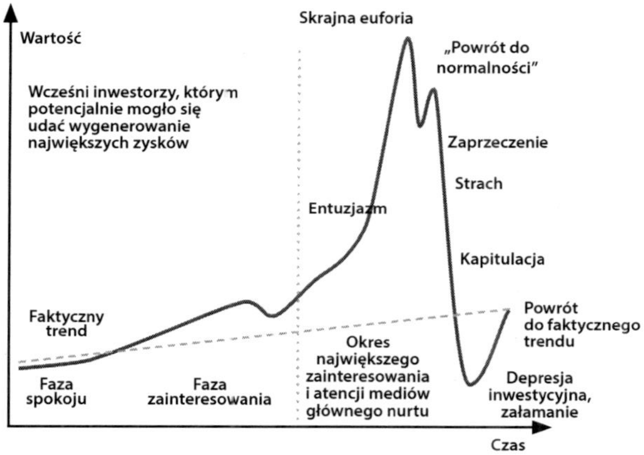

Rys. 20. Schematyczny przebieg tworzenia się i pękania bańki spekulacyjnej

Ceny wszystkich projektów zaczęły spadać jeszcze szybciej, niż wcześniej notowały wzrosty. W pierwszej kolejności sprzedawać zaczęły osoby, które na tej bańce najwięcej zarobiły, realizując swój zysk. Tak nagły spadek kursów wywołał jednak kolejny efekt psychologiczny, zwany paniczną sprzedażą (ang. *panic sell*). Polega on na tym, że właśnie te osoby, które działały pod wpływem największych emocji na rynku, widząc, że ich aktywa nagle straciły na wartości o 20 czy 50 proc., zaczynają się ich pozbywać, aby odzyskać chociaż część „zainwestowanego" kapitału. Efekt ten ma charakter lawinowy i z każdym dniem coraz więcej osób zaczyna wyprzedawać swoje aktywa. Inni inwestorzy, widząc, jakie nastroje panują na rynku, są mało chętni do dalszego nabywania kryptowalut z dwóch głównych powodów. Pierwszy z nich jest taki, że widząc kończące się wzrosty, nie mają dalszej motywacji do inwestowania, bo ciężko zarobić na czymś, co traci na wartości (oczywiście jest to możliwe przy pomocy dźwigni finansowej i otwierania pozycji krótkich). Następuje więc zmiana nastrojów na rynku z euforycznych na mniej przyjemne, jak strach, kapitulacja, aż po całkowite zwątpienie w jakikolwiek sens posiadania danego składnika aktywów. Drugim powodem spadku cen jest to, że bardziej doświadczeni inwestorzy również zaprzestają dokupywania, aby nie łapać „spadających noży" i oczekują, aż dany składnik aktywów faktycznie straci 80–90 proc. wartości od swojego ATH (ang. *all time high*). W międzyczasie zarabiają na otwieraniu pozycji krótkich lub chwilowych wybiciach. W szczytowym punkcie po pęknięciu bańki na bitcoinie w USA powstawały linie wsparcia dla osób, które utraciwszy wszystkie swoje oszczędności zainwestowane w kryptowaluty, chciały wyrządzić sobie krzywdę. Całkowita wartość rynku walut cyfrowych spadła z około 830 mld dolarów do

100 mld, a następnie rozpoczęła się faza „powrotu do normalności". Bańki takie jak ta na mniejszą lub większą skalę powtarzają się od początku istnienia bitcoina. Ta nie była pierwszą z nich (prawdopodobnie też nie ostatnią), ale zdecydowanie, jak dotąd, największą, i to głównie dzięki niej bardzo dużo osób po raz pierwszy usłyszało o kryptowalutach. Bardzo wiele osób podczas jej trwania drastycznie się wzbogaciło, a wiele potraciło całe swoje majątki.

Jak bogaty jest Satoshi Nakamoto?

Aktualnie w portfelu Satoshiego znajduje się około 980 tys. bitcoinów. Przy obecnym kursie, czyli około 8,5 tys. USD za jednego bitcoina (w przybliżeniu 34 tys. PLN), są one warte około 8,5 mld USD, ale to nie wszystko. Oczywiste jest, że jeśli podjąłby się próby sprzedaży wszystkich na raz, kurs nie utrzymałby się i gwałtownie poszybował w dół. Są to jednak czysto szacunkowe wyliczenia. Od czasu powstania bitcoina nastąpiło wiele podziałów sieci (ang. *fork*), podczas których powstały nowe łańcuchy kryptowalut, pochodnych bitcoina. Podczas *forku*, aby równo rozdystrybuować nową kryptowalutę, były one dzielone między użytkowników w stosunku 1:1 w zależności od ilości posiadanego bitcoina.

Najpopularniejsze z nich, czyli bitcoin cash, bitcoin SV oraz bitcoin gold, również będą więc w posiadaniu Satoshiego w ilości około 980 tys. monet o sumarycznej wartości około 320 mln dolarów. W ciągu dziesięciu lat istnienia bitcoina było o wiele więcej bliźniaczych forków, ale ich wartość jest na tyle mała, że spokojnie możemy je pominąć w obliczeniach. Sumarycznie więc aktualna wartość kryptowalut w portfelu Satoshiego Nakamoto to około 8,82 mld USD (35,28 mld PLN). Kwota ta wystarczyłaby, aby przez około półtora roku pokrywać wszystkie wydatki rządowe związane z programem „Rodzina 500 plus" lub pozwoliłaby na kupno około 17,6 tys. egzemplarzy lamborghini aventador.

Podczas bańki na bitcoinie w 2017 roku, gdy jego cena sięgała prawie 20 tys. dolarów amerykańskich, Nakamoto był 56. na liście najbogatszych ludzi na świecie – jedynym w tej stawce, którego prawdziwa tożsamość do dzisiaj nie została ujawniona. Przez pierwszy rok istnienia bitcoina był on praktycznie jedynym górnikiem, który go wydobywał, przez co wszystkie 50 bitcoinów z każdego bloku trafiało do jego portfela. Aktualnie z każdym blokiem wydobywane jest 12,5 bitcoina i dzielone między wszystkich górników, a w okolicach maja 2020 roku wartość ta spadnie do 6,25 bitcoina. Liczba ta maleje ze względu na następujące co cztery lata halvingi. Warto również dodać, że przez dziesięć lat istnienia blockchain bitcoina nie został on ani razu zhakowany.

Libra – kryptowaluta tworzona przez Facebooka

Misją libry jest utworzenie prostej, globalnej waluty oraz infrastruktury finansowej, która wzmocni miliardy ludzi. Pod takim hasłem przewodnim deweloperzy planują rozwijać projekt kryptowalutowy Facebooka na światową skalę. W założeniu będzie on oparty na zdecentralizowanym łańcuchu bloków, praktycznie stałym kursie oraz obsłudze inteligentnych kontraktów. Ma to być przełomowa innowacja w zakresie usług finansowych.

Celem projektu będzie umożliwienie jak największej liczbie osób dostępu do systemu finansowego, który nie podlega jurysdykcji banków, nie wymaga zaufanej trzeciej strony do weryfikowania transakcji, a korzystanie z niego jest praktycznie darmowe. Twórcy porównują to do rozwoju sieci komórkowej – kiedyś za wysłanie wiadomości, np. za pomocą SMS-a, trzeba było zapłacić niewielką kwotę. Jednak jeśli korespondowało się z kimś codziennie, w skali roku czy miesiąca suma wydanych środków mogła być już zauważalna. Teraz za pomocą Messengera lub innych aplikacji jest to całkowicie darmowe, a jedynym wymaganiem jest dostęp do internetu.

Aktualnie opcję taką umożliwia większość popularnych kryptowalut. Jeśli jakieś państwo zakaże korzystania z libry, węzły posiadające wiążące głosy w sieci (tj. wielkie korporacje) z dużym prawdopodobieństwem ustosunkują się do tego. Nie będą one wchodziły na wojenną ścieżkę z rządami danego kraju, ponieważ może to skutkować utratą rynku zbytu na ich produkt, a na to nie mogą sobie pozwolić. W przypadku tradycyjnych kryptowalut, np. bitcoina, jest to niemożliwe, ponieważ decentralizacja sieci jest na tyle zaawansowana, że nikt nie jest w stanie zablokować transakcji wykonywanych za jego pomocą.

Projekt „Libra" ma posiadać stu założycieli, z których każdy zapłaci 10 mln dolarów za możliwość bycia węzłem w sieci, którego zadaniem będzie weryfikowanie poprawności wykonywanych transakcji. Będą oni otrzymywać dywidendy z zysków, jakie wygeneruje ta kryptowaluta. Całość będzie nadzorowana przez organizację non-profit, której zadaniem będzie czuwanie nad rozwojem tokenu, rezerwą rzeczywistych aktywów i zasad zarządzania blokiem. Siedziba projektu będzie usytuowana w Genewie w Szwajcarii, a spotkania założycieli będą odbywały się co dwa lata. Każdy członek otrzyma jeden głos lub 1 proc. całkowitej liczby głosów (w zależności od tego, która liczba będzie większa) w radzie Stowarzyszenia Libra.

Oprócz wkładu finansowego jest jeszcze szereg wymagań, które trzeba spełnić, aby zostać jednym z założycieli projektu. Należą do nich:

- odpowiednia szafa serwerowa,
- dedykowane połączenie internetowe 100 MB/s,
- pełnoetatowi inżynierzy, którzy zadbają o niezawodność serwerów,
- bezpieczeństwo klasy korporacyjnej,
- próg wartości rynkowej na poziomie co najmniej 500 mln dolarów.

Kandydat ma docierać rocznie do 20 mln klientów oraz być uznanym za lidera branży przez Interbrand Global lub S&P.

To tylko niektóre wymagania – te najważniejsze. Ich szczegółowa lista jest o wiele dłuższa i znajduje się w białej księdze (ang. *whitepaper*), która jest ogólnodostępna w internecie.

Ponadto tylko jedną trzecią założycieli mogą stanowić firmy kryptograficzne lub indywidualnie zaproszone wyjątki. Jest również miejsce dla organizacji badawczych, spełniających większość z określonych warunków. Każda płatność, która zostanie wykonana, będzie stale zapisywana w sieci blockchain projektu. Ma ona obsługiwać nawet do tysiąca transakcji na sekundę. Dla porównania bitcoin obsługuje ich od siedmiu do dwudziestu w tym samym czasie. System będzie działał w ten sposób, że tylko dwie trzecie węzłów będzie musiało osiągnąć konsensus, aby transakcja została uznana za ważną, co przyspiesza działanie sieci. Dodatkowo warto zauważyć, że żadna z wykonanych transakcji nie będzie mogła być cofnięta. Z pewnością wprowadzenie tego projektu na największą platformę społecznościową na świecie (jeśli dojdzie on do skutku) spowoduje gigantyczną reklamę dla kryptowalut i umożliwi ich poznanie bardzo szerokiemu gronu odbiorców, które nigdy nie miało z nimi styczności. Procedura korzystania z nich będzie na tyle prosta, aby nawet najmniej obeznane z technologią osoby były w stanie skutecznie przesyłać między sobą środki bez konieczności posiadania portfeli, rejestrowania się na giełdach i innych czynności, które czasami odstraszają użytkowników od walut cyfrowych. Poza tym kryptowaluty z czasem przestaną mieć „łatkę" czegoś podejrzanego, przez co niektórzy mniej związani z nimi ludzie przestaną uznawać je za oszustwo. Libra będzie stabilną walutą cyfrową, co oznacza, że jej kurs nie będzie podlegał spekulacji – jak wiadomo, większość osób inwestujących aktualnie w kryptowaluty robi to z chęci zysku, a tylko niewielki ułamek wykorzystuje je do codziennych transakcji.

Wprowadzenie w życie tego projektu dawałoby dużą wolność jej użytkownikom, jednak z drugiej strony bardzo nie podoba się on wielu rządzącym. Wielu polityków amerykańskich wyraziło swoje wątpliwości związane z librą i wzywało do wstrzymania prac nad projektem. Głos w tej sprawie zabrał także prezydent Donald J. Trump. Napisał on na swoim Twitterze 12 lipca 2019 roku, że nie jest wielkim fanem bitcoina, a kryptowaluty nie są prawdziwymi pieniędzmi. Jest to jego pierwsze oficjalne stanowisko w tej kwestii. Twierdzi on, że wartość bitcoina i innych walut cyfrowych wynika wyłącznie ze spekulacji oraz nie posiadają one żadnej fundamentalnej wartości. Poza tym mogą być wykorzystywane do nielegalnych aktywności, np. handlu narkotykami. Skrytykował on również projekt kryptowaluty libra i zasugerował. że amerykańscy regulatorzy odpowiednio się nim zainteresują. Kontynuując swoją wypowiedź, mówi on, że w USA jest tylko jedna prawdziwa waluta – dolar amerykański.

Jednym z oficjalnych powodów krytycznego stosunku rządzących jest fakt, że w razie załamania projektu libra spółka, która nią zarządza, musiałaby szybko upłynnić duże ilości krótkoterminowych obligacji rządowych i inne instrumenty finansowe, co mogłoby być katalizatorem potencjalnego kryzysu. W przypadku sukcesu projektu – według nich – mogłaby zostać zaburzona płynność niektórych instrumentów finansowych, ze względu na ogromny kapitał, jakim zarządzałaby spółka.

Nieoficjalnie przewija się narracja na temat tego, że rządy i banki centralne nie będą tolerować innych, konkurencyjnych walut, nad którymi nie posiadają kontroli. Nie mogą pozwolić sobie na załamanie monopolu na dodruk pieniędzy i manipulacje gospodarcze, jakie mogą być z tym związane. W przyszłości może dochodzić do wielu starć między publicznymi, zdecentralizowanymi sieciami umożliwiającymi różne modele biznesowe a scentralizowanymi podmiotami, takimi jak duże korporacje i rządy.

Mimo gwałtownego rozwoju gospodarczego na całym świecie wiele osób wciąż ma ograniczony dostęp do banków oraz bankowości elektronicznej. Wraz z wprowadzeniem libry, poprzez zainstalowanie jednej aktualizacji w aplikacjach rozpowszechnianych przez Apple, Google, czy Facebooka, liczba tych osób mogłaby się znacznie zmniejszyć. Wciąż jednak jest wiele aspektów, które nie są odpowiednio uregulowane, aby można było wprowadzić na rynek librę jako gotowy produkt i głównie z tego powodu możemy spodziewać się utrudnień związanych z uruchomieniem jej.

Podczas gdy Facebook stara się dopracować szczegóły swojego projektu „Libra" i uzgodnić wszelkie wątpliwości prawne, które wokół niego powstały, możemy zauważyć wysyp ogromnych ilości stron i reklam, które podszywają się pod niego, aby wyłudzić od niedoświadczonych inwestorów pieniądze i kryptowaluty. Zgodnie z wieloma publikowanymi w internecie raportami jest już co najmniej kilkanaście fałszywych stron libry. Po platformie Facebooka oraz popularnej aplikacji do udostępniania zdjęć – Instagramie – krąży fala fałszerzy podszywających się pod oficjalne podmioty, próbując utwierdzić użytkowników mediów społecznościowych w przekonaniu, że to oni są twórcami tego projektu. Niektóre z nich oferują sprzedaż monet libry ze zniżką, jeśli tylko wejdzie się na zainfekowane wirusami strony internetowe. Wykorzystują one wizerunek twórcy Facebooka – Marka Zuckerberga – oraz oficjalne materiały promujące librę wraz z logo platformy. Po wykryciu tych oszustów część z nich znika, ale w ich miejsce pojawiają się kolejni, jeszcze bardziej kreatywni. Należy więc w tej kwestii zachować szczególną ostrożność.

Komputery kwantowe zagrożeniem dla technologii blockchain?

Obserwując gwałtowne wzrosty i spadki na giełdzie walut cyfrowych oraz nagłówki informacyjnych stron internetowych, bardzo łatwo zapomnieć o tym, że kryptowaluty nie cieszą się jeszcze zbyt dużą popularnością. Mimo to większość entuzjastów technologii blockchain uważa, że ma ona wielki potencjał i nie zostanie zapomniana jako nieudany twór.

Rozważając zagrożenia stojące na drodze kryptowalut w perspektywie długoterminowej, ludzie koncentrują się głównie na źle stworzonych regulacjach, jakimi mogą zostać objęte. Zaszkodziłoby to ich adaptacji na szerszą skalę i spowolniło przebicie się do głównego nurtu. Duża część zalet technologii blockchain wynika z jej bezpieczeństwa. Sieć rozdzielona jest między wiele węzłów i żaden indywidualny użytkownik nie jest w stanie się do niej włamać. Jednak wykorzystanie innej nowoczesnej technologii, takiej jak informatyka kwantowa, może stanowić poważne zagrożenie dla całej sieci opartej na blockchainie.

Liczba firm i naukowców, którzy pracują nad komputerami kwantowymi, stale rośnie. Kryptografia jest często poruszanym tematem, ponieważ informatyka kwantowa stanowi zagrożenie również dla tradycyjnych form bezpieczeństwa komputerowego. W szczególności tyczy się to kryptografii klucza publicznego, która jest najbardziej rozpowszechniona w komunikacji online i wykorzystywana w blockchainie.

Szyfrowanie z wykorzystaniem klucza publicznego

Kryptografia z kluczem publicznym wykorzystuje parę kluczy do szyfrowania informacji – klucz publiczny, który można udostępnić każdemu, oraz klucz prywatny, który powinien być znany tylko jego właścicielowi. Każdy użytkownik sieci może zaszyfrować wiadomość przy użyciu klucza publicznego danego odbiorcy, ale tylko odbiorca może odszyfrować tę wiadomość, korzystając z klucza prywatnego.

Najlepsze systemy kryptograficzne z kluczem publicznym łączą klucz publiczny i prywatny przy użyciu współczynników liczbowych. Powstają one wskutek pomnożenia przez siebie dwóch niewiarygodnie dużych liczb pierwszych rozłożonych na części składowe poprzez faktoryzację. Aby określić na podstawie klucza publicznego, jaką przypisaną wartość miał klucz prywatny, należałoby obliczyć odpowiednio wszystkie współczynniki tych liczb. Nawet jeśli klasyczny komputer przetestowałby trylion kombinacji na sekundę, rozszyfrowanie zajęłoby 785 milionów razy więcej czasu, niż wynosi szacowany czas istnienia wszechświata (14 miliardów lat), ze względu na wielkość tych liczb pierwszych. Jeśli jednak moc przetwarzania miałaby drastycznie wzrosnąć, to możliwe stałoby się, aby jednostka korzystająca z takiej mocy obliczeniowej wygenerowała klucz prywatny z właściwego klucza publicznego.

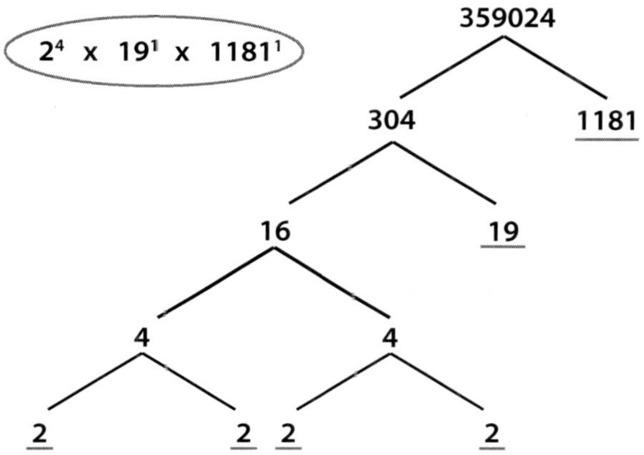

Rys. 21. Faktoryzacja (na potrzeby schematu przedstawiono względnie małą liczbę, aby był on czytelny)

Obliczenia przy pomocy tych komputerów opierają się na fizyce kwantowej i mają większą moc niż jakakolwiek tradycyjna forma obliczeń. Obliczenia te wykorzystują bity kwantowe, czyli tak zwane qbity, które mogą istnieć w dowolnej superpozycji w przedziale od 0 do 1. Mogą zatem przetwarzać znacznie więcej informacji niż tylko 0 lub 1, co stanowi ograniczenie klasycznych systemów obliczeniowych.

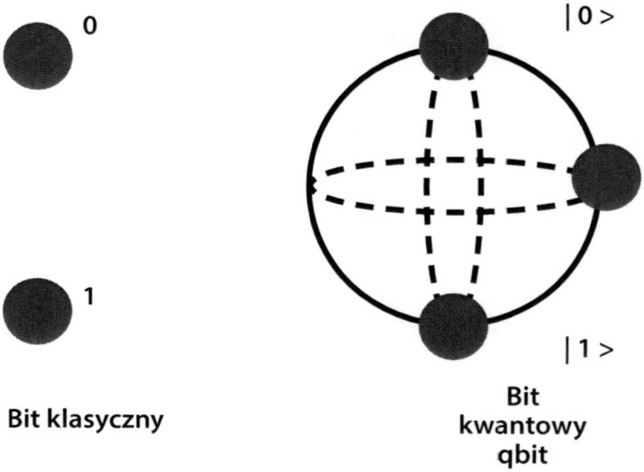

Rys. 22. Porównanie zwykłego bita z bitem kwantowym

Zdolność wykorzystania qbitów sprawia, że komputery kwantowe są o wiele rzędów wielkości szybsze niż standardowe. Google już pokazało, że w pewnych specjalistycznych zadaniach komputer kwantowy, nad którym pracują jego specjaliści, może być nawet 100 milionów razy szybszy od tradycyjnego.

Chociaż istnieje tylko kilka algorytmów do obliczeń kwantowych, jeden z najbardziej znanych – algorytm Shora – pozwala na szybki faktoring dużych liczb naturalnych. Działający komputer kwantowy o dużej mocy mógłby być w stanie sprawnie zaburzyć dzisiejszą kryptografię klucza prywatnego. Nie są one jednak jeszcze dostępne. Jeśli postęp technologiczny będzie tak szybki jak teraz, to kiedyś z pewnością korzystanie z nich stanie się normą. A kiedy to nastąpi, sieć bitcoina może stać się podatna na ataki hakerskie.

Amerykańskie NSA ogłosiło w 2015 roku, że zmierza w kierunku wdrożenia odpornych na kwanty systemów kryptograficznych. Wiele projektów kryptowalutowych również będzie z czasem wdrażać do swoich sieci mechanizmy, które zagwarantują odporność na komputery kwantowe. Jeśli klucz prywatny jest wygenerowany z klucza publicznego w sposób bardziej skomplikowany niż poprzez faktoryzację współczynników liczb pierwszych, wtedy nawet komputer kwantowy może mieć problem ze złamaniem takiego rodzaju szyfru.

Warto wiedzieć, że komputery kwantowe zagrażają wszystkim komputerowym systemom bezpieczeństwa, które opierają się na kryptografii klucza publicznego, a nie tylko kryptowalutom. Z czasem ich twórcy będą zmuszeni do wdrożenia mechanizmów, które zapewnią im bezpieczeństwo przed technologią kwantową. W przeciwnym wypadku staną się łatwym celem dla hakerów. Na celowniku będą również banki oraz sklepy internetowe, ponieważ używają one podobnych schematów związanych z zabezpieczeniami sieci. Za pomocą tej technologii możliwe będzie złamanie podpisów cyfrowych, w których klucz prywatny pochodzi od publicznego. Oznacza to, że osoba posiadająca twój klucz publiczny będzie w stanie za pomocą obliczeń kwantowych uzyskać klucz prywatny, co jest aktualnie niemożliwe do wykonania nawet przy użyciu najbardziej zaawansowanych klasycznych komputerów.

Kwantowe urządzenia do obliczeń mogą uruchamiać algorytmy, które wykonują mniej kroków, aby osiągnąć pożądany wynik.

Czym jest „atak 51%" i jak zagraża sieciom kryptowalut?

Jak już wiemy z wcześniejszych rozdziałów, bitcoin wykorzystuje do swojego działania mechanizm rozproszonej księgi, która jest taka sama dla wszystkich użytkowników sieci. Są w niej rejestrowane wszystkie transakcje, tworząc strukturę bloków, w której bloki te przyłączają się do istniejącego już łańcucha głównego. Każdy węzeł w sieci ma swoją kopię łańcucha bloków i konieczne jest, aby miał uzgodniony z innymi węzłami zestaw zasad, które pozwolą na niezawodność i spójność działania całej sieci. Takie porozumienie, za pomocą którego węzły mogą spójnie oddziaływać między sobą, zwane jest konsensusem zbiorowym.

Może zaistnieć sytuacja, gdy dwa bloki zostaną wydobyte w tym samym czasie i przyłączą się do łańcucha głównego – który z nich więc zostanie uznany za „ważny"?

Wszystko będzie zależało od tego, do którego z nich zostanie przyłączony kolejny. Transakcje z tego bloku, który zostanie pominięty, cofną się do tzw. *mempoolu*, czyli miejsca, w którym znajdują się wszystkie niezweryfikowane transakcje, oczekujące na dołączenie do sieci. Jeśli transakcja pozostaje w nim zbyt długo (np. ze względu na duże obciążenie sieci oraz fakt, że użytkownik wybrał najniższą możliwą opłatę transakcyjną), to transakcja może zostać anulowana i środki wracają do portfela użytkownika. Transakcje są uważane za w pełni zweryfikowane, gdy do łańcucha dołączy się około 5–6 bloków przedłużających łańcuch główny. Istnieją również tzw. punkty kontrolne, po przekroczeniu których zawartość bloków jest na stałe zapisywana w sieci i nie jesteśmy w stanie ich zmienić w żaden sposób.

„Atak 51%” to potencjalny atak na sieć blockchain bitcoina (wykonalny także w przypadku innych kryptowalut wykorzystujących protokół *proof-of-work*) możliwy do przeprowadzenia przy wykorzystaniu ponad 50 proc. całkowitej mocy obliczeniowej sieci. Osoby organizujące taki atak mogłyby wstrzymać płatności wykonywane między określonymi użytkownikami, a nawet między wszystkimi w sieci. Co ważniejsze, miałyby możliwość cofania (do punktu kontrolnego) transakcji, które zostały zakończone i wydania użytych w nich monet po raz drugi. Grupa węzłów mogłaby oddzielić się od reszty sieci i nie przesyłać informacji na temat wykonanych postępów do reszty górników (49 proc.). Spowodowałoby to, że tworzyłyby się dwie niezależne od siebie kopie łańcuchów. Atakująca grupa, jako że wykorzystuje większą moc obliczeniową, będzie szybciej wydłużała swój łańcuch (do chwili, gdy zmodyfikowana zostanie trudność wydobycia, tj. wzrośnie dla atakujących, a spadnie dla pozostałej części ze względu na mniejszą moc obliczeniową). Jeśli grupy te połączą się ponownie, to zgodnie z wcześniej omówioną zasadą dłuższy łańcuch stanie się tym głównym, a pozostałe transakcje trafią do *mempoolu* i zostaną uznane za nieważne. Hakerzy mogą więc do tego czasu wejść w posiadanie towarów, za które nie zapłacą.

Aktualnie żadna kopalnia nie zbliża się nawet do posiadania 50 proc. całkowitej mocy wydobywczej w sieci, a w przypadku bitcoina uzyskanie jej byłoby niezmiernie trudne ze względu na dużą konkurencję. W przypadku innych kryptowalut istniały jednak przypadki takich ataków, co na jakiś czas zaburzało działanie ich sieci.

Atak możliwy jest do przeprowadzenia również w przypadku niższej mocy obliczeniowej, ale szansa, że zakończy się powodzeniem, jest o wiele mniejsza.

W których krajach kryptowaluty rozwijają się najprężniej?

Wiele spekuluje się na temat tego, kto jest w posiadaniu największej ilości kryptowalut oraz do kogo należą adresy portfeli, w których znajduje się najwięcej monet. Jak wiadomo, najwięcej bitcoinów posiada ich twórca, Satoshi Nakamoto. Duże portfele kryptowalutowe należą również bardzo często do platform giełdowych, które pobierają prowizję w postaci ułamka bitcoina lub innej waluty cyfrowej za transakcje wykonywane przy ich pomocy oraz wypłaty z kont giełdowych.

Stany Zjednoczone

Z pewnością w pierwszej kolejności należałoby wspomnieć o USA. Nie jesteśmy w stanie dokładnie tego oszacować, jednak możemy mieć pewne przypuszczenia, na podstawie których możemy stwierdzić, że to obywatele Stanów są jednymi z „największych" posiadaczy walut cyfrowych. To właśnie tam powstało najwięcej projektów kryptowalutowych, platform giełdowych oraz funduszy i kopalni. Jak donoszą niektóre źródła[6], około 6,2 proc. mieszkańców USA zadeklarowało, że posiada bitcoina. Biorąc pod uwagę liczebność populacji tego kraju, wskazywałoby to na około 20 mln osób.

Estonia, Rumunia, Malta

Kraje te łączy kilka wspólnych cech, które spowodowały, że stały się one pionierskimi, jeśli chodzi o rozwój projektów kryptowalutowych oraz całego związanego z tym przemysłu. Pierwszym bardzo ważnym wyróżnikiem są bardzo niskie podatki (jeśli chodzi o Europę) związane z prowadzeniem

6 https://cryptoradar.org/largest-bitcoin-ownership-survey-reveals-6-2-of-americans-own-bitcoin-while-7-3-are-planning-to-buy-some/.

działalności gospodarczej oraz proste i przejrzyste przepisy prawne w tej kwestii. W czasach, gdy niektóre kraje otwarcie sprzeciwiają się technologii blockchain i kryptowalutom, te wykorzystują okazję i chętnie przyjmują firmy działające w tej branży. Poza tym w tych państwach bardzo szeroko rozwinięta jest branża IT i pracuje tam wielu niezależnych programistów z całego świata. Czynniki te sumarycznie powodują również wzmożone zainteresowanie obywateli tych krajów walutami cyfrowymi i technologią, która nimi rządzi.

Chiny

Ze względu na to, że w Chinach prąd jest o wiele tańszy niż w większości miejsc na świecie, znajduje się tam duża ilość kopalni bitcoina. W porze deszczowej, ze względu na funkcjonowanie elektrowni wodnych, energia tanieje jeszcze bardziej, co zazwyczaj skutkuje tym, że jeszcze większa część mocy wydobywczej pochodzi w tym okresie z Chin. Ze względu na największe wydobycie bitcoina w tym kraju istnieje również wzmożone zainteresowanie tym składnikiem aktywów. W 2013 roku Ludowy Bank Chiński zakazał instytucjom finansowym obrotu tym instrumentem, ale osoby fizyczne jak najbardziej mogą to robić. Wiele razy już słyszeliśmy sprzeczne informacje na temat legalności wykorzystywania kryptowalut w tym kraju. Były one kilkakrotnie zakazywane, aby następnie zakaz ten został zniesiony. Bieżące stanowisko Chin w tej sprawie jest dość przychylne. Prezydent tego kraju – Xi Jinping – stwierdził, że technologia blockchain to „okazja", którą należy wykorzystać i która, dobrze zastosowana, może przysłużyć się państwu.

Korea Południowa i Japonia

Kraje te charakteryzują się wysokim poziomem cyfryzacji oraz posiadają szeroko rozwiniętą branżę technologiczną. Bardzo często to właśnie z nich pochodzi szereg nowych technologii, które dopiero po jakimś czasie trafiają do krajów mniej rozwiniętych. Najprostszym przykładem tego są chociażby pociągi. Te, które stoją w japońskich muzeach, w Polsce lub innych krajach wschodniej Europy spokojnie pojeździłyby jeszcze co najmniej przez kilkanaście lat. Podobnie jest z projektami kryptowalutowymi. W takich krajach jak Japonia czy

Korea Południowa rozwijają się one o wiele prężniej niż w Polsce. Mimo że nie brakuje u nas dobrych programistów i innych specjalistów, to zarobki oraz możliwości rozwoju w konkurencyjnych krajach są o wiele większe, co skutkuje mniejszą motywacją do pracy tutaj.

Polska

W Polsce zainteresowanie kryptowalutami jest na dość niskim poziomie. Wiedza większości społeczeństwa w tej kwestii ogranicza się do tego, że kiedyś słyszeli o bitcoinie, ale nie do końca mają świadomość, jak działa. Niestety nasz kraj jest mało konkurencyjny dla przemysłu informatycznego oraz zagranicznych inwestorów, którzy chcieliby tu poprowadzić swoje projekty. Jeśli chodzi o opłacalność wydobycia kryptowalut, to Polska znajduje się na około 55–60 miejscu na świecie (uśredniona wartość z kilku rankingów) pod względem rentowności tego zjawiska. Wraz ze wzrostem cen prądu pozycja ta prawdopodobnie będzie jeszcze spadać. Istnieje również wiele niewiadomych w kwestiach regulacyjnych, które dotyczą kryptowalut, co dodatkowo pogarsza sytuację.

Nielegalne wykorzystywanie kryptowalut

Szybki wzrost zainteresowania rynkiem kryptowalut i ich anonimowość powodują poważne wyzwania regulacyjne, w tym również te związane z wykorzystaniem ich w nielegalnym handlu (narkotyki, kradzieże i wiele innych), finansowaniu terroryzmu, praniu brudnych pieniędzy oraz unikaniu kontroli kapitału. Nie ma wątpliwości, że dzięki częściowo lub całkowicie anonimowym transakcjom (w zależności od tego, z których kryptowalut korzystamy) i ich cyfrowej postaci ułatwiły one rozwój „ciemnych" rynków internetowych, gdzie sprzedawane są nielegalne produkty i usługi. W USA oraz wielu innych krajach regularnie przejmowane są przez odpowiednie organy sumy na poziomie kilkuset tysięcy dolarów. Daje to wyobrażenie, z jaką skalą problemu mamy do czynienia.

Publiczny charakter sieci blockchain pozwala sprawdzić historię transakcji wstecz od chwili przejęcia bitcoina poprzez sieć Darknetu aż do „pierwszego właściciela". Istnieją oczywiście tzw. miksery, które pozwalają na ukrycie historii transakcji (stanie się ona na tyle zawiła, że bardzo trudno będzie dojść, skąd tak naprawdę pochodzą środki), jednak wiele osób korzystających z walut cyfrowych nie do końca jest świadomych wszystkich aspektów technicznych, jakie są z nimi związane, i myślą, że są stuprocentowo anonimowi. Jednak to nie do końca prawda. Aktualnie pełną anonimowość zapewnia tylko niewielka grupa walut cyfrowych, np. monero.

Waluta ta ma obecnie największą kapitalizację wśród tych, które skupiają się na prywatności. Jednocześnie posiada najbardziej rozwinięte mechanizmy utrudniające namierzenie transakcji przeprowadzonych z jej udziałem. Powstała ona w 2014 roku i działa w otwartej, zorientowanej na prywatność sieci blockchain, która oparta jest na anonimowości. Blockchain tej waluty cyfrowej celowo zaprojektowany jest w taki sposób, aby był nieprzejrzysty. Szczegóły, takie jak tożsamość nadawcy i odbiorcy oraz ilość zawartych między nimi transakcji, są anonimowe i nikt (nawet twórcy) nie ma do nich dostępu. Podobnie jak w przypadku bitcoina wygląda sytuacja „równości" użytkowników w sieci – opiera się ona na egalitarnym systemie, w którym wszyscy mają takie same prawa. Podczas uruchamiania sieci programiści nie zachowali dla siebie żadnych udziałów i byli w stanie kontynuować dalsze prace nad projektem dzięki wsparciu społeczności, która zgromadziła się dookoła sieci. Wydobycie monero może być prowadzone na zwykłym komputerze (będzie on stanowił węzeł w sieci) i nie wymaga specjalnego sprzętu, takiego jak specyficzne układy scalone (ASIC). Działa ono na wszystkich wiodących platformach, między innymi takich jak: Windows, MacOS, Linux, Android.

Mechanizmy prywatności wykorzystywane przez monero:

Sygnatury pierścieniowe – anonimowość nadawcy. Jest to mechanizm, który umożliwia użytkownikowi ukrycie swojej tożsamości przed innymi osobami w sieci. Są to anonimowe podpisy cyfrowe wychodzące od jednego z członków sieci, ale nie jest widoczne, kto poświadczył określoną transakcję. Aby wygenerować taką sygnaturę, sieć wykorzystuje kombinację kluczy z konta nadawcy i umieszcza je w kluczach publicznych na łańcuchu bloków, co czyni go unikalnym i prywatnym. Obliczeniowo niemożliwe jest ustalenie, który z kluczy został użyty do utworzenia tak złożonej sygnatury.

Rys. 23. – Mechanizm transakcji wykorzystujących standardowy typ sygnatur

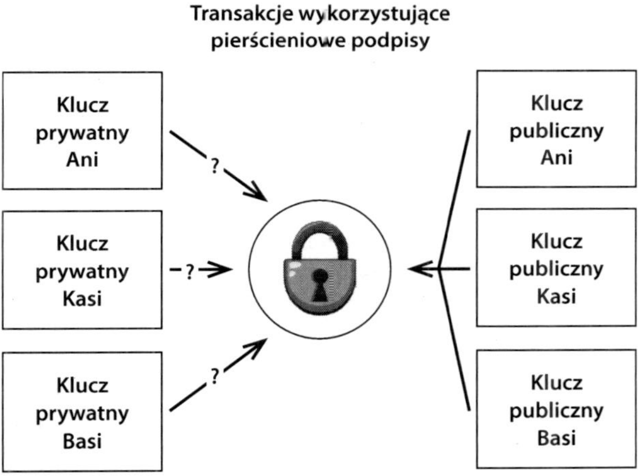

Rys. 24. – Mechanizm transakcji wykorzystujący transakcje z pierścieniowymi sygnaturami

Ring CT – anonimowość kwoty transakcji.

To technologia kryptograficzna umożliwiająca ukrycie ilości monero wykorzystanej w danej transakcji.

W przypadku większości kryptowalut kwoty transakcji są przesyłane w postaci zwykłego tekstu, widocznego dla każdego obserwatora. Ring CT zapewnia poufność tej informacji. Odpowiedni mechanizm zobowiązań kryptograficznych powoduje, że nadawca musi „udowodnić" posiadanie wystarczających środków do przesłania ich w określonej kwocie, ale nie ma konieczności ujawniania jej. Ze względu na to monero jest jedną z nielicznych kryptowalut, dla których nie da się określić listy adresów najbogatszych użytkowników.

Ukryte adresy – anonimowość odbiorcy. Wszystkie transakcje w sieci monero wykorzystują ukryte, jednorazowe adresy publiczne w celu ochrony prywatności odbiorcy. Raz użyty adres, który został zapisany w otwartej sieci, do której każdy ma dostęp, staje się nieważny. Odbiorca może uzyskać dostęp do środków wysyłanych na ukryty adres bez ujawniania żadnych publicznych informacji.

Połączenie tych trzech mechanizmów zapewnia anonimowość nadawcy, odbiorcy oraz kwoty transakcji. Prześledzenie transakcji zawartych w tej sieci jest aktualnie niemożliwe i nawet najlepsi specjaliści nie byliby w stanie ich rozszyfrować i namierzyć.

Czy warto zaczynać przygodę z kryptowalutami?

Aktualnie większość osób, które inwestują w kryptowaluty, robi to z chęci zysku, a nie ze względu na technologię, jaka za nimi stoi, więc w tym kontekście również odniesiemy się do odpowiedzi na to pytanie.

Powinna być to indywidualna sprawa każdego z nas. Ze względu na duże wahania cenowe, jakim podlegają, kryptowaluty wiążą się z ogromnym ryzykiem inwestycyjnym i nie są one jeszcze w pełni uregulowane prawnie pod wieloma względami. Niestety nikt nie jest w stanie przewidzieć, ile bitcoin czy inna kryptowaluta będzie warta za rok lub dziesięć lat. Jeśli ktoś uważa, że wie, to prawdopodobnie kłamie lub próbuje w jakiś sposób zarobić na tym i wyciągnąć od nas środki na inwestycje. Jeśli jednak z własnej woli zdecydujemy się zacząć, to ważne jest, aby pamiętać o kilku priorytetowych rzeczach.

1. Postaraj się zrozumieć, w co tak naprawdę inwestujesz.
Jeśli udało Ci się przebrnąć przez tę książkę, to powinieneś mieć już ogólny zarys tego, jak działa technologia blockchain. Wszystkie kryptowaluty mają ze

sobą wiele wspólnego, ale mimo to występują między nimi znaczne różnice. Zanim zdecydujemy się na zakupienie którejś z nich, warto przeczytać jak najwięcej informacji na jej temat, prześledzić jej dotychczasowy rozwój, sprawdzić, kto zarządza projektem i samemu podjąć decyzję, czy uważamy ją za przyszłościową (jeśli inwestujemy długoterminowo). Zbieranie informacji o danej kryptowalucie najlepiej rozpocząć od przeczytania jej białej księgi (ang. *whitepaper*). Jest to dokument przygotowany przez twórców danej waluty cyfrowej, który powinien zawierać wszystkie detale na jej temat i szczegółowo wyjaśniać podstawy technologiczne, na jakich jest zbudowana.

2. Zdecyduj, jakiego rodzaju inwestycji szukasz. Rozpoczynając inwestowanie, dobrze jest mieć z góry ustalony plan działania. Warto określić na samym początku poziomy cenowe, na których planujemy kupno kryptowaluty oraz potencjalny zysk, jaki chcielibyśmy osiągnąć. Pomaga to uniknąć działania pod wpływem emocji, co zmniejsza ilość złych decyzji, jakie podejmujemy. Jeśli decydujemy się na bardziej ryzykowną formę inwestycji, czyli *day-trading* (inwestowanie krótkoterminowe, wykonywanie kilku lub kilkunastu transakcji dziennie i poleganie na dziennych wahaniach cenowych), warto zaznajomić się z trendami panującymi na rynku. Ważne jest, aby poznać również podstawy analizy technicznej, znaczenie określonych wskaźników rynkowych oraz śledzić bieżące wydarzenia. Nie są to czynniki, które ze stuprocentową skutecznością pozwolą zredukować potencjalne straty i zmaksymalizować zysk, ale w jakimś stopniu mogą pomóc w podjęciu określonych decyzji. Handlując krótkoterminowo, powinniśmy również rozważyć od razu scenariusz, w którym kurs nie będzie wzrastał. Mechanizmem, który nas zabezpieczy w razie straty, są *stop-lossy* ustawiane na odpowiednim poziomie. Pozwalają nam one na zamknięcie pozycji, jeśli straci ona określony procent swojej wartości. *Stop-lossy* mogą mieć różne formy – od podstawowych, które aktywujemy podczas jednorazowego spadku o określoną wartość, do kroczących, których wartość zmienia się automatycznie wraz z kursem oraz interwałem czasowym.

3. Nie inwestuj więcej, niż jesteś w stanie stracić. Jest to prawdopodobnie najważniejsza rada, którą warto wykorzystywać. Ze względu na dużą zmienność cen kryptowalut pojawiało się w internecie bardzo wiele historii ludzi, którzy popadli w poważne długi lub stracili całe swoje majątki, ponieważ inwestowali zbyt duże sumy i nie liczyli się z możliwością ich utraty. Gdy zainwestujesz zbyt dużo pieniędzy w porównaniu do budżetu, który posiadasz, istnieje spora szansa, że jeszcze bardziej emocjonalnie będziesz podejmować decyzje. Może to skutkować złymi wyborami inwestycyjnymi i utratą większości posiadanych środków.

4. Nie trzymaj środków na giełdzie.

Uzasadnialiśmy to przy okazji omawiania typów giełd. Trzymanie środków na giełdzie wiąże się z pewnym ryzykiem – nie mamy pełnej kontroli nad naszymi walutami cyfrowymi. W każdej chwili właściciel giełdy może zablokować nam do nich dostęp lub uniemożliwić ich wypłatę. Warto pamiętać, aby przechowywać kryptowaluty wyłącznie w portfelu, do którego nikt oprócz nas nie ma dostępu. Chyba że docelowo zechcemy komuś dać do niego swój klucz prywatny.

5. Zróżnicuj swoje portfolio.

Jeśli już zdecydowałeś się zainwestować w kryptowaluty, postaraj się zróżnicować swoje portfolio. Zakup za całą sumę przeznaczoną na inwestycję tylko jednej waluty cyfrowej może okazać się ryzykowny. W sukces żadnego projektu nie powinniśmy bezgranicznie wierzyć. Każda kryptowaluta ma tak swoje zalety, jak i wady. W razie, gdyby któryś projekt nie spełnił stawianych przed nim oczekiwań i tracił na wartości, pozwoli to uchronić część naszych środków i daje szansę na zrównoważenie strat potencjalnymi zyskami z innych inwestycji kryptowalutowych.

6. Uważaj na oszustów oraz inwestycje w ICO.

Ze względu na niewiedzę nowych inwestorów oraz brak regulacji w branży istnieje bardzo wiele osób próbujących oszukać początkujących entuzjastów kryptowalut. Należy się upewnić, że nie posiadamy na komputerze szkodliwego oprogramowania, które mogłoby wykraść hasła do naszego portfela kryptowalutowego. Trzeba uważać również na podejrzane giełdy, które nie cieszą się dużą popularnością, ponieważ zdarzało się, że rekwirowały one środki użytkowników lub wstrzymywały ich wypłaty na bardzo długi czas. Jeśli planujemy inwestycje w projekty na etapie pierwszej oferty publicznej, tj. *Initial Coin Offering*, należy zachować szczególną ostrożność, ponieważ bardzo wiele z nich jest nastawionych na wyłudzenie pieniędzy od inwestorów, by następnie zaprzestać dalszego rozwoju.

7. Unikaj grup sygnałowych i schematów *pump and dump*.

Grupy te mają to do siebie, że zarabiają na nich w znacznej mierze tylko ich twórcy. Za dostęp do treści, jakie są w nich publikowane, zazwyczaj musimy wnieść jednorazową lub „abonamentową" opłatę, a w zamian otrzymujemy predykcje projektów kryptowalutowych, na których ich zdaniem możemy zarobić. Osoby te zazwyczaj same nawet nie otwierają pozycji, które doradzają innym, a ich dochód opiera się na pobieraniu opłat od osób będących w grupie. Zjawisko to przypomina trochę kupowanie „pewniaków" w bukmacherce. Niestety nikt nie ma w posiadaniu kryształowej kuli i nie przewidzi, co stanie się w przyszłości, a opiera się jedynie na swoich przypuszczeniach.

Podobnie wygląda sytuacja w schematach *pump and dump*. Dostęp do grup, które się tym zajmują, jest zazwyczaj darmowy, ponieważ chcą one zebrać jak największą liczbę osób, które wezmą udział w sztucznym napompowaniu kursu danego projektu. Zazwyczaj za cel obierają one sobie kryptowaluty o małej kapitalizacji rynkowej, ponieważ można nimi łatwiej manipulować. Działają one w ten sposób, że osoby zarządzające tą grupą najpierw nabywają jakąś kryptowalutę, a następnie dopiero informują pozostałych członków grupy, żeby wszyscy razem, o określonej godzinie, zaczęli windować jej kurs (aby ich do tego przekonać, używają argumentów, że osoby niebędące członkami grupy, widząc, że dany projekt rośnie, również zaczną go kupować i to wywinduje kurs jeszcze bardziej). Niestety w większości przypadków kończy się to tak, że twórcy grupy po zawyżonej cenie sprzedają swoje aktywa nieświadomym użytkownikom własnej grupy, którzy pomogli im wywindować cenę. Zyskuje tylko nieliczna grupa osób, które jako pierwsze wyzbyły się swoich monet. Pozostali zostają z „torbami" kryptowaluty, której cena osiągnęła początkową cenę lub spadła poniżej tego poziomu.

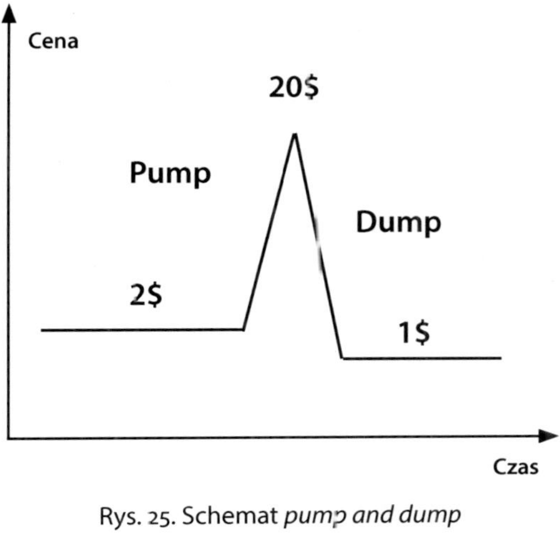

Rys. 25. Schemat *pump and dump*

Opodatkowanie kryptowalut

Aktualnie, w 2020 roku, kryptowaluty w Polsce są całkowicie legalne i nie ma żadnego prawa, które zakazywałoby ich posiadania. Wszystkie sposoby ich wykorzystania, które nie łamią powszechnie obowiązującego prawa, są legalne. Od 2019 roku w polskim systemie podatkowym obowiązują nowe przepisy dotyczące podatku dochodowego i obrotu wirtualnymi walutami. W efekcie dochody pochodzące z obrotu kryptowalutami podlegają jednolitemu podatkowi dochodowemu w wysokości 19 procent. Eksperci oceniają, że przepisy zostaną bardziej uporządkowane, ale jednocześnie część regulacji może być niekorzystna dla podatników. Wprowadzenie nowych przepisów przewidziano w projekcie ustawy (z 24 sierpnia 2018 r.) o zmianie ustawy o podatku dochodowym od osób fizycznych, ustawy o podatku dochodowym od osób prawnych, ustawy Ordynacja podatkowa oraz o zmianie niektórych innych ustaw. Jedną z najważniejszych dla podatników nowości mają być zmodyfikowane zasady dotyczące opodatkowania walut wirtualnych, za które – zgodnie z projektem – uznawane są kryptowaluty (np. bitcoin) oraz tzw. scentralizowane waluty wirtualne. Odpowiednie zmiany zostaną wprowadzone w ustawach o podatkach dochodowych PIT i CIT.

Resort finansów wdrożył w tym projekcie kompleksowe regulacje spraw związanych z opodatkowaniem dochodów pochodzących z obrotu walutami wirtualnymi. Przychody tego typu są kwalifikowane jako przychody z kapitałów pieniężnych albo zysków kapitałowych. Co istotne, przychody te nie mają być łączone z innymi przychodami z kapitałów pieniężnych czy zysków kapitałowych. Równocześnie nie będzie możliwości odliczania od innych dochodów podatnika strat poniesionych w wyniku obrotu kryptowalutami. Danina obejmie sprzedaż walut wirtualnych na giełdzie, w kantorze czy na wolnym rynku. Uwzględniane będą więc przychody z wymiany kryptowaluty na środek płatniczy. Analogicznie traktowana będzie również zapłata cyfrową walutą za towary (nawet jeśli kupimy puszkę coca-coli za bitcoina, należałoby uwzględnić to w rozliczeniu podatkowym), usługi oraz prawa majątkowe niebędące walutą wirtualną, a także regulowanie taką walutą innych zobowiązań. Ministerstwo Finansów proponuje, aby wymiana między walutami wirtualnymi nie była objęta opodatkowaniem w kontekście podatku dochodowego. Znaczenia nie będzie mieć przy tym to, czy wymiany dokonuje się na giełdzie, czy też w inny sposób. Aktualna wersja ustawy fiskalnej zakłada ponadto, że opodatkowanie obejmie tylko dochód – w efekcie możliwe stanie się uwzględnianie w kosztach uzyskania przychodów wydatków związanych z obrotem kryptowalutami. Zgodnie z zapowiedziami projektodawców będzie można do nich zaliczyć udokumentowane wydatki na nabycie walut wirtualnych, które poniesiono w danym roku podatkowym. Znaczenie mają mieć jedynie wydatki związane bezpośrednio z nabyciem i sprzedażą kryptowalut, co oznacza, że kosztami uzyskania przychodów nie będą koszty finansowania ich zakupu. Podatnicy zostaną zobowiązani do wykazywania w zeznaniach rocznych wszystkich poniesionych w trakcie roku kosztów – także wtedy, gdy dany podatnik nie uzyska przychodów. Należy pamiętać, że są to wytyczne aktualne w 2020 roku i z czasem mogą ulegać modyfikacji, zalecamy więc śledzenie na bieżąco potencjalnych zmian.

Najdroższa pizza na świecie

W 2010 roku pewien programista w mieście Jacksonville na Florydzie postanowił zapłacić za pizzę w Papa John's bitcoinem. Jego cena liczona była wówczas w ułamkach centów, a 10 tys. bitcoinów było warte około 30 dolarów. Jak stwierdził w późniejszych wywiadach, uważał to wtedy za niezwykłe trafiony pomysł, ponieważ nabył pizzę za coś, co praktycznie nie miało żadnej realnej wartości. Gdyby przyjąć obecny kurs (z przełomu 2019 i 2020 roku) okazałoby się, że programista ten zapłacił za pizzę około 80 mln dolarów. Gdyby, uśredniając, przyjąć, że pizza składała się z ośmiu dużych kawałków, a każdy z nich zjadamy w około siedmiu kęsach, to jak wynika z obliczeń, każdy gryz pizzy kosztował go prawie 1,68 mln złotych. Oczywiście łatwo się patrzy na takie sytuacje z perspektywy czasu, jednak wtedy nikt nawet nie mógł podejrzewać, że bitcoina czeka taka przyszłość i był on raczej rodzajem eksperymentu niż realnym składnikiem aktywów, który rozprzestrzeni się na cały świat.

Kapitalizacja kryptowalut na tle innych aktywów

Podrozdział ten nie bez powodu znajduje się na samym końcu książki. Będzie wyróżniało go to, że jako jedyny ma narzucony określony przedział czasowy, do którego zawarte w nim informacje się odnoszą (pochodzą one z 2018 roku)[7]. W zależności więc od tego, kiedy go przeczytasz, może być całkowicie nieaktualny lub tylko trochę odbiegać od bieżących statystyk. Porównamy w nim kapitalizację różnych aktywów i porównamy do rynku walut cyfrowych. Jak już wiemy, całkowita kapitalizacja kryptowalut jest bardzo zależna od trendów panujących na rynku. W niedalekiej przeszłości wahała się ona w przedziale 100 mld – 830 mld dolarów (lata 2017–2019). Aktualnie oscyluje na poziomie około 225 mld dolarów i to w odniesieniu do tej wartości porównamy ją z innymi aktywami. Kapitalizacja samego bitcoina kształtuje się aktualnie na poziomie 148 mld dolarów, co oznacza jego rynkową dominację na poziomie 66,1 proc. Jest to dość duża wartość, ale od początku istnienia walut cyfrowych jego poziom dominacji bywał zdecydowanie wyższy i wahał się w przedziale między 75–95 proc. Dopiero w 2017 roku nastąpiło przełamanie tego trendu i w szczycie ostatniej bańki spekulacyjnej, gdy rynek był rozgrzany do czerwoności, poziom dominacji bitcoina spadł najniżej w historii i wynosił około 33 proc.

7 Źródło informacji: money.visualcapitalist.com.

Metale szlachetne

Wartość całego rynku srebra będącego w obrocie oscyluje na poziomie około 17 mld dolarów. Jest to bardzo mało, nawet w porównaniu do kryptowalut, ponieważ kapitalizacja drugiej z nich pod względem wartości – ethereum – jest aktualnie na podobnym poziomie. Dominującym składnikiem aktywów na rynku metali szlachetnych jest jednak złoto. Na świecie wydobyto już ponad 190 tys. ton złota. Cena za jedną uncję waha się w okolicach około 1475 dolarów. Kapitalizacja całego rynku tego kruszcu wynosi więc ponad 8 bln dolarów. Jest to około 35 razy więcej niż całkowita kapitalizacja wszystkich kryptowalut. Połowa wydobywanego złota wykorzystywana jest w przemyśle jubilerskim, pozostała część znajduje się w bankach lub w rękach prywatnych inwestorów i branży przemysłowej. Co roku wydobywane jest około 3,1 tys. ton złota.

Waluty fiducjarne

Gdybyśmy zsumowali wszystkie monety i banknoty, które zostały stworzone w fizycznej postaci (nie wliczając tych, które są tylko zapisami cyfrowymi na kontach), ich wartość byłaby zbliżona do kapitalizacji rynku złota i wynosiła około 7,7–8,1 bln dolarów. Jak powszechnie wiadomo, gdyby każda osoba na świecie, która ma dostęp do banku, chciała wypłacić swoje pieniądze w formie gotówki, wystarczyłoby jej dla około 15–20 proc. chętnych.

Rynek akcji

Rynek akcji (ang. *stock market*) po orientacyjnym zsumowaniu wszystkich dostępnych aktywów z tej branży oscyluje na poziomie około 72 bln dolarów. Jest to dziewięciokrotnie więcej niż kapitalizacja całego wydobytego złota na świecie i 315 razy więcej niż aktualnie wynosi wartość rynku kryptowalut. Około 38 proc. aktywów, które są przedmiotem obrotu na rynku akcji, wywodzi się z USA. Wartość chińskich akcji oscyluje na poziomie około 10 proc.

Nieruchomości

Rynek nieruchomości z całego świata, włączając w to wszelkiego rodzaju obiekty wypoczynkowe, hotele, lokale oraz przede wszystkim mieszkania użytkowe, wart jest około 216 bln dolarów. Jest to kwota trzykrotnie większa niż wartość całego rynku akcji oraz

945 razy większa od całkowitej kapitalizacji kryptowalut. Około 75 proc. całkowitej wartości nieruchomości stanowią mieszkania. Pozostałe 25 proc. to lokale przeznaczone do użytku komercyjnego i celów turystycznych.

Derywatywy

Jest to najbardziej niezbadany rynek, którego wartość trudno jest w ogóle oszacować. Do tej grupy zaliczamy wszelkiego rodzaju kontrakty terminowe, swapy kredytowe, lewarowane pozycje na giełdach, opcje giełdowe (dające możliwość nabycia papierów wartościowych po określonej cenie, które mogą być wystawiane np. na waluty fiducjarne, akcje czy kontrakty terminowe) oraz obligacje i wiele innych pochodnych instrumentów finansowych stanowiących „umowy" między co najmniej dwiema osobami. Wartość tego rynku szacowana jest przez niektórych na kwoty od 500 bilionów dolarów do 1,2 biliarda dolarów!

Kryptowaluty od zera
Wydanie pierwsze, ISBN: 978-83-8147-885-4

REDAKCJA: Agata Sawicka-Korgol
KOREKTA: Kinga Dolczewska
OKŁADKA: Artur Rostocki
GRAFIKI: Designed by brgfx / Freepik
Designed by macrovector / Freepik
Designed by Freepik
SKŁAD: Michał Kacprowicz
DRUK I OPRAWA: Elpil

WYDAWNICTWO NOVAE RES
ul. Świętojańska 9/4, 81-368 Gdynia
tel.: 58 716 78 59, e-mail: sekretariat@novaeres.pl
http://novaeres.pl

Publikacja dostępna jest w księgarni internetowej zaczytani.pl.

Kontakt z autorami publikacji możliwy pod adresami mailowymi: **pomoc@kantorbitcoin.pl** oraz **pitwoj123@gmail.com**.

KRYPTOWALUTY
OD ZERA

1 0 1 011001 1 0 1 0
011 01 1 00 1 1 00 110
1 1 0 01 11 00 11 0 1 1 00 11 0
0 1 1 0 00 1 0 11 0
11 00 1 0 1 1 0 0 0 10 0
0 1 0 100 11 0 0 1 0 1
1 0 1 0 1 0 1 1 0 0 1 1
1 1 0 0 0 1 0 0 1
1 1 00 1 1 0 0 1 1 1 0 0
1 1 0 0 1 11 0 0 1
1 0 1 10 0 1 1 00 110 0 1
0 0 1 10 0 0 1 1 0
1 0 0 1 1 0 1 0 1 1
1 00 1 1 0 0 1 1 1 1
0 1 0 0 11 1 0 0 11 0 0 1
1 1 0 0 1 1 0 0 1 1 0